Beck-Rechtsberater

Ratgeber Künstlersozialversicherung

Beck-Rechtsberater

Ratgeber
Künstlersozialversicherung

Vorteile – Voraussetzungen – Verfahren

Von Andri Jürgensen,
Rechtsanwalt in Hamburg

1. Auflage
Stand: 1. Juli 2001

Deutscher Taschenbuch Verlag

Originalausgabe
Deutscher Taschenbuch Verlag GmbH & Co. KG,
Friedrichstraße 1 a, 80801 München
© 2002. Redaktionelle Verantwortung: Verlag C. H. Beck oHG
Druck und Bindung: Druckerei C. H. Beck, Nördlingen
(Adresse der Druckerei: Wilhelmstraße 9, 80801 München)
Satz: Fotosatz Otto Gutfreund GmbH, Darmstadt
Umschlaggestaltung: Agentur 42 (Fuhr & Partner), Mainz
ISBN 3 423 05683 5 (dtv)
ISBN 3 406 47429 2 (C. H. Beck)

Vorwort

Für selbständige Künstler und Publizisten sind die gesetzliche Renten-, Kranken- und die soziale Pflegeversicherung Pflichtversicherungen nach dem Künstlersozialversicherungsgesetz (KSVG). Dieser Umstand ist vielen der Betroffenen nur unzureichend bekannt.

Hier setzt das vorliegende Buch an. Es will über die Vor- und Nachteile der Versicherung nach dem Künstlersozialversicherungsgesetz informieren, über die Versicherungspflicht, ihre Voraussetzungen und ihren Umfang aufklären und den Gang des Verfahrens vor der Künstlersozialkasse beschreiben.

In diesem Ratgeber erfahren Sie daher:

- wann Sie der Versicherungspflicht nach dem KSVG unterliegen,
- wann Sie versicherungsfrei sind bzw. sich von der Versicherungspflicht befreien lassen können,
- wie das Verfahren vor der Künstlersozialkasse und ggf. vor den Sozialgerichten verläuft,
- und in einem Überblick welche Leistungen Sie von der Renten-, der Kranken- und der Pflegekasse beanspruchen können.

Dieses Buch richtet sich an ausübende Künstler und Publizisten, die keinerlei juristische Vorbildung haben. Dennoch – oder gerade deswegen – wird auf die einschlägige juristische Fachterminologie nicht verzichtet. Denn nur bei Kenntnis der juristischen Fachbegriffe und ihrer Zusammenhänge kann der Betroffene seine Rechte gegenüber der Künstlersozialkasse wirksam vertreten.

Nicht behandelt werden Details der Künstlersozialabgabe. Sie betrifft allein abgabepflichtige Unternehmen und steht mit den Fragen der Versicherungspflicht der selbständigen Künstler und Publizisten in keinem rechtlichen Zusammenhang.

Vordringliches Ziel des Ratgebers ist es, schnelle und detaillierte Informationen für den Alltag zu bieten. Damit er nicht notwendig chronologisch gelesen werden muß, werden wichtige Punkte bei Bedarf an unterschiedlichen Stellen angesprochen. Für den gründlichen Leser kann dies vereinzelt zu kurzen Wiederholungen führen. Es ermöglicht aber ein selektives Lesen nur der gerade interessierenden Fragen und erscheint dadurch gerechtfertigt.

Lob und Kritik sind stets willkommen. Richten Sie diese bitte an den Verlag C. H. Beck, Lektorat dtv-Rechtsberater, Postfach 40 03 40, 80703 München, oder per E-Mail direkt an den Verfasser: andri.juergensen@kunstrecht.de. Unter www.kunstrecht.de finden Sie eine Website des Verfassers zum Kunst- und Medienrecht u. a. mit aktueller Rechtsprechung zur Künstlersozialversicherung.

Stand des Buches ist Juli 2001.

Hamburg, im August 2001   Andri Jürgensen

Inhaltsübersicht

Inhaltsverzeichnis

Verzeichnis der Tabellen

Abkürzungsverzeichnis

a.a.O.	am angegebenen Ort
Abb.	Abbildung
abl.	ablehnend
AfA	Abschreibung für Abnutzung
AG	Aktiengesellschaft
ALG	Gesetz über die Alterssicherung der Landwirte
anh.	anhängig
AOK	Allgemeine Ortskrankenkasse
Az.	Aktenzeichen
BAföG	Bundesausbildungsförderungsgesetz
BAG	Bundesarbeitsgericht
BayLSG	Bayerisches Landessozialgericht
BBesG	Bundesbesoldungsgesetz
BBG	Beitragsbemessungsgrenze
BBiG	Berufsbildungsgesetz
BfA	Bundesversicherungsanstalt für Angestellte
BFH	Bundesfinanzhof
BGB	Bürgerliches Gesetzbuch
BGBl.	Bundesgesetzblatt
BSG	Bundessozialgericht
Bsp.	Beispiel
BT-Drs.	Bundestag Drucksache
BVerfG	Bundesverfassungsgericht
B.W.	Baden-Württemberg
bzw.	beziehungsweise
d.	des
EFZG	Entgeltfortzahlungsgesetz
EStG	Einkommensteuergesetz
GbR	Gesellschaft bürgerlichen Rechts
GG	Grundgesetz
ggf.	gegebenenfalls
GmbH	Gesellschaft mit beschränkter Haftung

idR	in der Regel
iSd	im Sinne des
iVm	in Verbindung mit
JAE	Jahresarbeitsentgeltgrenze
KVdR	Krankenversicherung der Rentner
KSK	Künstlersozialkasse
KSVG	Künstlersozialversicherungsgesetz
KSV	Künstlersozialversicherung
KV	Krankenversicherung
KVLG	Gesetz über die Krankenversicherung der Landwirte
LSG	Landessozialgericht
Nds.	Niedersachsen
n. F.	neue Fassung
Nr.	Nummer
NRW	Nordrhein-Westfalen
o. g.	oben genannt
oHG	offene Handelsgesellschaft
PartGG	Partnerschaftsgesellschaftsgesetz
PflegeV	Pflegeversicherung
RV	Rentenversicherung
s.	siehe
S.	Seite
SG	Sozialgericht
SGB	Sozialgesetzbuch
SGB III	Sozialgesetzbuch Drittes Buch (Arbeitsförderung)
SGB IV	Sozialgesetzbuch Viertes Buch (Gemeinsame Vorschriften)
SGB V	Sozialgesetzbuch Fünftes Buch (Gesetzliche Krankenversicherung)
SGB VI	Sozialgesetzbuch Sechstes Buch (Gesetzliche Rentenversicherung)
SGB VII	Sozialgesetzbuch Siebtes Buch (Gesetzliche Unfallversicherung)
SGB X	Sozialgesetzbuch Zehntes Buch (Verwaltungsverfahren)
SGB XI	Sozialgesetzbuch Elftes Buch (Soziale Pflegeversicherung)

SGG	Sozialgerichtsgesetz
s. o.	siehe oben
u. a.	und andere
URL	Uniform Resource Locator
Verf.	Verfasser
VO	Verordnung
v.	vom
VVG	Versicherungsvertragsgesetz
WoGG	Wohngeldgesetz

Teil 1

Eine kurze Einführung in das System der Künstlersozialversicherung

Die soziale Absicherung der Arbeitnehmer gegen Arbeitslosigkeit, Unfall, Krankheit und Alter besteht teilweise schon seit über 100 Jahren. Anders die soziale Absicherung von freiberuflichen Künstlern und Publizisten: Erst 1982 wurde mit dem Künstlersozialversicherungsgesetz (KSVG) ein System der Sozialversicherung speziell für selbständige Künstler und Publizisten geschaffen. Durch das KSVG werden diese Pflichtmitglieder in der gesetzlichen Renten-, Kranken- und der sozialen Pflegeversicherung. Ausgenommen bleiben vom KSVG die Unfall- und die Arbeitslosenversicherung. Vor der Einführung der Künstlersozialversicherung waren weitestgehend nur selbständige Musiker in der Renten- und der Krankenversicherung pflichtversichert.

Das Bedürfnis nach einer Zwangsabsicherung der selbständigen Künstler und Publizisten hatte seine Ursache in deren nur geringen privaten Vorsorge. Ein dem Bundestag 1975 vorgelegter „Bericht über die wirtschaftliche und soziale Lage der künstlerischen Berufe" zeigte, daß die Freischaffenden der Kulturbereiche keine ausreichende Vorsorge gegen Krankheit und zum Aufbau einer Rente betrieben. Die Gründe hierfür liegen auf der Hand: regelmäßig stark schwankende Einkünfte, hohes Berufsrisiko und häufig genug ein nur sehr geringes Einkommen.

Ziel des KSVG war es daher, den selbständigen Künstlern und Publizisten eine soziale Vorsorge zu ermöglichen, indem sich an den Versicherungsbeiträgen der Staat (durch Zuschüsse) und Unternehmen (durch die Künstlersozialabgabe) beteiligen.

Der **Begriff „Künstlersozialversicherung"** mag zunächst mißverständlich sein: er bezeichnet nicht eine eigene Versicherung **neben** der Renten- oder Krankenversicherung. „Künstlersozialversicherung" meint nur ein

---

System der sozialen Absicherung für selbständige Künstler und Publizisten **in der gesetzlichen Renten-, Kranken- und der sozialen Pflegeversicherung**, welche sich nach den Kriterien des KSVG richtet und teils über die KSK, teils über die Versicherungsträger abgewickelt wird.

I. Welche Vorteile bringt die Künstlersozialversicherung selbständigen Künstlern und Publizisten?

Aus den unterschiedlichsten Gründen mag es manchem Künstler oder Publizisten widerstreben, trotz seiner beruflichen Selbständigkeit als Zwangsmitglied in der gesetzlichen Renten- und Krankenversicherung geführt zu werden. Aber: ihm (oder ihr) entstehen hierdurch – jedenfalls für die Zeit der Beitragszahlung – beachtliche finanzielle Vorteile:

Einen 50 %igen Zuschuß zu den Beiträgen für die Renten-, Kranken- und Pflegeversicherung zahlt die KSK an selbständige Künstler und Publizisten. Dies gilt nicht nur für die jeweilige gesetzliche Versicherung, sondern unter bestimmten Voraussetzungen auch für die Beiträge zu einer privaten Kranken- und Pflegeversicherung.

Finanziell werden sie damit – trotz der Selbständigkeit – gestellt wie Arbeitnehmer, die ebenfalls nur die Hälfte der Sozialversicherungsbeiträge zahlen. Die andere Hälfte übernimmt bei ihnen der Arbeitgeber. Selbständige hingegen kommen für die eigene Absicherung für Alter und Krankheit üblicherweise in voller Höhe alleine auf. Einen Zuschuß erhalten sie von keiner Seite.

Bei einem monatlichen Durchschnittsverdienst aus selbständiger künstlerischer bzw. publizistischer Tätigkeit von 2500,– € beläuft sich der monatliche Zuschuß durch die KSK auf rund 430,– €, im Jahr also auf über 5000,– €!

Selbständige Künstler und Publizisten zahlen nur die Hälfte der Beiträge zur gesetzlichen Renten-, Kranken- und Pflegeversicherung.

II. Die Funktionsweise der Künstlersozialversicherung

Wer sich die Funktionsweise der Künstlersozialversicherung verdeutlichen will, muß verschiedene Bereiche unterscheiden. Auf der einen Seite stehen die versicherten Künstler und Publizisten als Begünstigte (Versicherungspflichtige). Sie erhalten aus der Kasse der KSK einen Zuschuß von 50 % zu den Beiträgen der Renten-, Kranken- und Pflegeversicherung.

Auf der anderen Seite stehen Unternehmen, welche die Künstlersozialabgabe an die KSK abführen (Abgabepflichtige). Aus diesen Einnahmen und einem staatlichen Zuschuß finanziert die KSK die Leistungen an die Versicherten.

Auch die Rollen der Künstlersozialkasse (KSK) und der Versicherungsträger unterscheiden sich. Die KSK überprüft, ob die Voraussetzungen des KSVG vorliegen. Die Renten-, Kranken- und Pflegekasse sind dagegen die jeweiligen Versicherungsträger. Im Versicherungsfall sind sie für die Abwicklung zuständig.

1. Die Versicherten

Für die selbständigen Künstler und Publizisten regelt das KSVG die Voraussetzungen der Melde- und der Versicherungspflicht.

Nach dem KSVG bestimmt sich, wer überhaupt Künstler bzw. Publizist ist, in welchen Fällen Versicherungsfreiheit vorliegt oder Befreiungsmöglichkeiten bestehen. Außerdem trifft es Vorgaben für das Verwaltungsverfahren.

Da das KSVG eine **Pflichtversicherung** in der gesetzlichen Renten- und Krankenversicherung und der sozialen Pflegeversicherung anordnet, steht die Entscheidung hierüber nicht im Belieben des jeweiligen Betroffenen. Dies gilt auch, wenn eine Pflichtmitgliedschaft etwa in der gesetzlichen Rentenversicherung, also der BfA, nicht gewünscht ist.

Die über die KSK Versicherten zahlen die Hälfte der Versicherungsbeiträge (also ihren Beitragsanteil) an die KSK, welche diesen Anteil zusammen mit dem Zuschuß an die jeweilige Krankenkasse als der Einzugsstelle für alle Sozialversicherungsbeiträge weiterleitet.

2. Die abgabepflichtigen Unternehmen

An der Finanzierung der Künstlersozialversicherung werden alle Unternehmen beteiligt, die nicht nur gelegentlich Aufträge an selbständige Künstler oder Publizisten erteilen, und die deren Werke vermarkten, § 24 Abs. 2 KSVG. Hierzu gehören insbesondere Verlage, Plattenproduzenten, Theater und Galerien, aber auch Werbeagenturen und Zirkusunternehmen. Diese Unternehmen zahlen an die KSK die sog. **Künstlersozialabgabe.**

Die Höhe der Abgabe richtet sich nach der Höhe der Honorare, die an selbständige Künstler und Publizisten für erbrachte Leistungen gezahlt wurden.

Grund für diese Abgabe: Kulturschaffende sind häufig auf die geschäftlichen Kontakte und die logistischen Erfahrungen Dritter angewiesen, um sich auf dem Markt durchsetzen zu können. Sie benötigen daher „Vermarkter". Aufgrund der engen persönlichen Bindungen und häufig auch Abhängigkeiten zwischen Künstler und Vermarkter bezieht der Gesetzgeber die Unternehmen in die Finanzierung der Versicherungen ein. Zwischen Künstlern und vermarktenden Unternehmen bestünde, so die These, ein ähnliches Abhängigkeitsverhältnis wie zwischen Arbeitgeber und Arbeitnehmer (s. Begründung zum Gesetzesentwurf vom 13. 7. 1979, BT-Drs. 8/3172; ebenso BVerfG Urteil vom 8. 4. 1987, Az. 2 BvR 142/84 u. a.).

Andererseits gibt es auch Künstler und Publizisten, die sich ohne Zwischenschaltung Dritter selbst vermarkten. Die obige Argumentation des Gesetzgebers zur Heranziehung der Vermarkter greift hier also nicht. Deshalb beteiligt sich die Bundeskasse ebenfalls an der Finanzierung der Künstlersozialversicherung. Den hälftigen Zuschuß zu den Sozialversicherungsbeiträgen sollen sich, so die Idee, Staat und Vermarkter im gleichen Verhältnis aufteilen, wie das zahlenmäßige Verhältnis der sich selbst vermarktenden Künstler zu den Fremdvermarkteten ist. Bislang war dieses Verhältnis in etwa gleich. Mit Beginn des Jahres 2000 hat der Bund die Zuschüsse unter Hinweis auf ein verändertes Verhältnis zwischen Selbst- und Fremdvermarktern reduziert. Nunmehr übernimmt er nur noch 20 % der Versicherungsbeiträge, die Vermarkter müssen demnach 30 % aufbringen und die Versicherten selbst weiterhin 50 %.

3. Die Künstlersozialkasse

Die Künstlersozialkasse (KSK) entscheidet, ob eine Versicherungspflicht nach dem KSVG im Einzelfall besteht. Sie entscheidet auch über die Versicherungsfreiheit, etwa wegen geringfügigen Einkommens, und über eine Befreiung von der Versicherungspflicht.

Sie sammelt außerdem die Beitragszahlungen der Versicherten und die Abgaben der Unternehmen bzw. den staatlichen Zuschuß. Aus diesem Topf leistet sie den Gesamtsozialversicherungsbeitrag eines jeden Versicherten an die zuständige Einzugsstelle (Krankenkasse). Diese wiederum leitet die Anteile der Rentenkasse und der Pflegekasse an die jeweiligen Versicherungsträger weiter.

Organisatorisch ist die KSK seit dem Zweiten Gesetz zur Änderung des KSVG an die Bundesausführungsbehörde für Unfallversicherung in Wilhelmshaven angegliedert (Kontaktadresse siehe Anhang). Ursprünglich war die KSK eine bundesunmittelbare Anstalt des öffentlichen Rechts, bis diese sich an den Rand der Handlungsunfähigkeit gebracht hatte und aufgelöst wurde. Von 1988 bis ins Jahr 2001 führte die LVA Oldenburg-Bremen das KSVG im Wege der Organleihe durch. Allerdings sah hier der Bund seinen Einfluß auf Personal- und Kostenentscheidungen als zu gering an, so daß er sie nun wieder in die Bundesverwaltung einbezog.

Die Beiträge zur Renten-, Kranken- und Pflegeversicherung werden also von drei Seiten getragen: von den Versicherten selbst zu 50 %, von abgabepflichtigen Unternehmen zu 30 % und vom Staat zu 20 %. Alle drei Seiten zahlen ihren Anteil an die KSK. Die leitet die Beiträge weiter an die zuständige Krankenkasse als der „Einzugsstelle" auch für die anderen Sozialversicherungen. Die Krankenkasse wiederum teilt den Beitrag nach den entsprechenden Beitragssätzen unter der Rentenkasse, der Pflegekasse und nicht zuletzt der Krankenkasse auf.

---

4. Die Versicherungsträger

Die Künstlersozialkasse ist kein eigener Versicherungsträger! Die Versicherten werden daher nicht „in" der KSK, sondern durch die KSK bei dem jeweiligen Versicherungsträger versichert.

Zuständiger Versicherungsträger für die Rentenversicherung ist die Bundesversicherungsanstalt für Angestellte (BfA), für die Kranken- und Pflegeversicherung sind es die Ortskrankenkasse (AOK) oder die Ersatz-, Betriebs- und Innungskassen.

Auch die Durchführung der Versicherungsverträge erfolgt allein durch den zuständigen Versicherungsträger. Ansprüche etwa auf Heilbehandlung oder Rentenzahlung müssen deshalb immer gegenüber dem Versicherungsträger, nie gegenüber der KSK geltend gemacht werden.

Die Summe aller für einen Versicherten an die gesetzliche Renten-, die Kranken- und die soziale Pflegeversicherung zu leistenden Beiträge ist der sog. Gesamtsozialversicherungsbeitrag, § 28d SGB IV. Diesen Gesamtsozialversicherungsbeitrag leistet die KSK an die zuständige Einzugsstelle. Zuständige Einzugsstelle für den Gesamtsozialversicherungsbeitrag ist diejenige Krankenkasse, bei der der jeweilige Künstler bzw. Publizist versichert ist, § 28i SGB IV. Die Einzugsstelle, also die Krankenkasse, leitet dann den auf die gesetzliche Rentenversicherung bzw. die soziale Pflegeversicherung entfallenden Anteil an die BfA bzw. die zuständige Pflegekasse weiter, § 28k SGB IV.

Wichtig: Es ist streng zwischen den Beziehungen des Versicherten mit der KSK einerseits und mit den Versicherungsträgern andererseits zu unterscheiden. Alle Ansprüche aus den Versicherungsverträgen (Rentenzahlung, Heilbehandlung etc.) sind gegen die Rentenkasse bzw. die Kranken- oder Pflegekasse zu richten. Geht es um die Frage, ob jemand Künstler oder Publizist ist, ob Selbständigkeit vorliegt oder wie hoch das voraussichtliche Jahreseinkommen ausfällt, ist die KSK zuständig.

III. Die Künstlersozialversicherung in statistischen Zahlen*

Die Zahl der Versicherten ist von 12 569 im Jahr 1983 (dem Jahr des Inkrafttretens des KSVG) auf rund 112 000 im Jahr 2001 gestiegen. Mit der Zahl der Versicherten stieg auch das **Haushaltsvolumen** der KSK. Lag es zu Beginn der KSK im Jahre 1983 noch bei 331,3 Mio DM, hat es inzwischen 778,4 Mio DM im Jahr 2000 erreicht. Der Bundeszuschuß ist dadurch angewachsen von 36,7 Mio DM im Jahr 1983 auf mittlerweile 175,8 Mio DM im Jahr 1999.

Alle über die KSK Versicherten werden in vier verschiedene Bereiche eingeteilt: Wort, Bildende Kunst, Darstellende Kunst, Musik. Diese Einteilung erfolgt, weil sich die Künstlersozialabgabe der Unternehmen nach den in diesen Bereichen geleisteten Honoraren richtet und bis 2001 für jeden Bereich ein unterschiedlicher Abgabesatz galt. Für die Versicherungspflicht dagegen spielt diese Einteilung keinerlei Rolle. Die nachfolgende Übersicht zeigt die Verteilung der Versicherten auf die verschiedenen Bereiche.

Bereich	Versicherte zum 1. 1. 2001	
	Anzahl	Prozent
„Wort"	26 895	23,97 %
„Bildende Kunst"	43 449	38,72 %
„Darstellende Kunst"	12 322	10,98 %
„Musik"	29 538	26,33 %
Gesamt	112 204	100,00 %

Tab. 1: Verteilung der Versicherten

Das **jährliche Durchschnittseinkommen** aller Versicherten lag zum 1. 1. 2001 bei rund 22 160,– DM, das der Berufsanfänger bei

---

* Quelle: Künstlersozialkasse

rund 17 450,– DM. Dabei zeigen sich deutliche Unterschiede zwischen den vier Sparten:

	∅-Einkommen alle Versicherte	∅-Einkommen Berufsanfänger
„Wort"	27 888,– DM	22 357,– DM
„Bildende Kunst"	21 666,– DM	16 579,– DM
„Darstellende Kunst"	20 312,– DM	14 285,– DM
„Musik"	18 457,– DM	14 206,– DM
Gesamt	22 164,– DM	17 453,– DM

Tab. 2: Durchschnittseinkommen der Versicherten im Jahr 2000

Die Durchschnittswerte beim Einkommen unterscheiden sich auch zwischen den Geschlechtern sehr stark: so lag im Jahr 2000 der Durchschnittsverdienst aller männlichen Versicherten bei 24 803,– DM, der aller weiblicher Versicherten bei 18 471,– DM.

IV. Das Verfahren vor der Künstlersozialkasse im Überblick

Die Pflichtversicherung nach dem KSVG besteht unabhängig von dem Willen des Betroffenen, und deshalb muß er keinen „Antrag" im juristischen Sinne stellen – es besteht vielmehr eine **Meldepflicht** (§ 11 KSVG). Die Meldung kann schriftlich oder mündlich und formlos bei der KSK (oder einem der Sozialversicherungsträger) erfolgen. Mit dem Eingang der Meldung bei der KSK besteht dann gem. § 8 Abs. 1 KSVG die „Versicherungspflicht" im juristischen Sinne: der Versicherungsschutz und die Leistungspflicht der Versicherungsträger beginnt, soweit alle anderen Voraussetzungen nach dem KSVG erfüllt sind.

Soweit eine Meldung unterbleibt und die KSK von der Existenz eines selbständigen Künstlers oder Publizisten erfährt, kann sie diesen zur Meldung auffordern.

Auf die Meldung des Künstlers oder Publizisten hin prüft die

KSK, ob die Voraussetzungen des KSVG vorliegen, die Tätigkeit also künstlerisch bzw. publizistisch ist, selbständig, nicht als Arbeitnehmer ausgeübt wird, eine Erwerbsabsicht vorliegt usw. Damit sie diese Feststellung treffen kann, muß der Betroffene einen umfangreichen **Fragebogen** ausfüllen und Angaben zur Person, der Tätigkeit, dem Verdienst und eventuell schon bestehender sozialer Absicherung durch Renten- oder Krankenversicherung machen.

Bejaht die KSK die Versicherungspflicht nach dem KSVG, muß der Künstler (Publizist) jährlich zum 1.12. eines Jahres das voraussichtliche Einkommen des nächsten Jahres schätzen und angeben (§ 12 KSVG). Nach dieser Schätzung richtet die Höhe der monatlichen Beiträge für das folgende Jahr.

Lehnt die KSK eine Versicherungspflicht nach dem KSVG ab, kann der Betroffene **Widerspruch** einlegen und, soweit diesem Widerspruch nicht stattgegeben wird, Klage vor dem Sozialgericht erheben.

Im Detail werden das Verfahren vor der KSK, das Widerspruchs- und das Klageverfahren unten im Teil 6 erläutert.

V. Wann „lohnt" sich die Versicherung nach dem KSVG?

Häufig gestellte Frage ist, wann sich eine Versicherung nach dem KSVG denn lohne.

Es sei zunächst noch einmal wiederholt: selbständige Künstler und Publizisten sind nach dem KSVG Pflichtversicherte in der gesetzlichen Renten- und Krankenversicherung und der sozialen Pflegeversicherung, für sie besteht nach § 11 KSVG eine Meldepflicht. Rechtlich gesehen kann man sich daher nicht aussuchen, ob man über die KSK versichert werden möchte oder nicht.

Eine andere Frage ist aber, ob sich die Versicherung nach dem KSVG auch finanziell rechnet. Dabei sollte nicht vergessen werden, daß es sich um Versicherungen handelt, die den Eintritt bestimmter Risiken abdecken sollen, und nicht um Geldanlagen.

Es kann aber nicht übersehen werden, daß die Pflichtversicherung in der Rentenversicherung und der Krankenversicherung nicht nur vorteilhaft ist. In beiden Sparten stehen, bedingt u. a. durch den Umbau der Altersstruktur, langfristig steigenden Beiträgen weiter schrumpfende Leistungen gegenüber. Diesem Kreislauf läßt sich bislang nur ab bestimmten Einkommensgrenzen entgehen, ab denen eine private Krankenversicherung abgeschlossen werden kann.

Recht deutlich ist die Rechnung bei der **Rentenversicherung**. Ein Vergleich der verschiedenen gesetzlichen und privaten Möglichkeiten der Rentenvorsorge zeigt, daß die Rentenhöhe der BfA relativ zu den eingezahlten Beiträgen sehr gering ausfällt. Die Möglichkeiten privater oder auch einiger berufsständischer Anbieter fallen wesentlich lukrativer aus. Ein Ausweg ergibt sich hier für solche Künstler und Publizisten, die neben dieser Tätigkeit noch einer weiteren selbständigen Tätigkeit oder Beschäftigung nachgehen und dabei ein Arbeitseinkommen einer gewissen Höhe erreichen. Denn in diesem Fall tritt gem. § 4 Nr. 2 KSVG Versicherungsfreiheit in der gesetzlichen Rentenversicherung ein (zu den Details siehe Teil 3 II 2). Für diesen Kreis kann sich so ein Ausweg aus der gesetzlichen Rentenversicherung ergeben.

Nicht so einfach fällt die Antwort für die **Krankenversicherung** aus. Soweit Wahlmöglichkeiten zwischen gesetzlicher und privater Krankenversicherung bestehen, muß sich der Versicherte, vereinfacht gesagt, zwischen zwei Alternativen entscheiden: relativ geringe Kosten bei sich wohl stetig verringerndem Leistungsangebot (gesetzliche Krankenkasse) oder relativ hohe und mit dem Alter auch weiter steigende Kosten bei individuell vereinbartem Leistungsumfang (private Krankenkasse). Die individuellen Vorlieben und Vorstellungen zwingen hier jeden dazu, selbst zu rechnen (ausführlicher zu den Unterschieden in Teil 4 IV).

Teil 2

Die vier Voraussetzungen der Versicherungspflicht

Die Voraussetzungen, bei deren Vorliegen sich die Betroffenen bei der KSK melden müssen (§§ 1, 11 KSVG), lassen sich zu vier Punkten zusammenfassen:

I. Der Betroffene muß Künstler bzw. Publizist im Sinne des KSVG sein.

II. Die künstlerische bzw. publizistische Tätigkeit muß in beruflicher Selbständigkeit ausgeübt werden.

III. Die Tätigkeit muß erwerbsmäßig geschehen, also dem Broterwerb dienen.

IV. Die Tätigkeit muß auf Dauer angelegt sein, und es darf nicht mehr als ein Arbeitnehmer beschäftigt werden.

Auch wenn diese Voraussetzungen erfüllt werden, kann sich im Einzelfall immer noch die Freiheit von der Versicherungspflicht ergeben, etwa wenn das monatliche Einkommen nur geringfügig ist. Außerdem können sich Berufsanfänger und Höherverdienende von der Versicherungspflicht in der gesetzlichen Krankenkasse befreien lassen und in eine private Krankenkasse wechseln. Diese Fragen sollen aber erst in den Teilen 3 und 4 erörtert werden.

Im folgenden werden die Voraussetzungen der Versicherungspflicht nach dem KSVG detailliert besprochen. Eine Liste mit 400 kunst- und mediennahen Berufen im Anhang III zeigt, welche dieser Berufe in der Regel künstlerisch bzw. publizistisch im Sinne des KSVG sind.

I. Erste Voraussetzung: „Künstler" oder „Publizist" im Sinne des KSVG

Das KSVG unterscheidet zwischen Künstlern und Publizisten. Daß Publizisten auch künstlerisch tätig sein können und umgekehrt, wird damit nicht in Abrede gestellt. Dem Gesetzgeber ging es bei dieser Unterscheidung allein um eine Kategorisierung für die Erhebung der Künstlersozialabgabe bei den Unternehmen, da bislang für die verschiedenen Bereiche auch verschiedene Abgabesätze bestanden.

> Für die Versicherten ist die Zuordnung in die eine oder andere Kategorie ohne jede Folge. Insbesondere der Umfang des Versicherungsschutzes und die Höhe der monatlichen Beiträge hängen hiervon nicht ab.

1. Wer ist „Künstler" im Sinne des KSVG?

Wer wollte „Kunst" definieren? Der Gesetzgeber verzichtet wohlweislich auf jeden Versuch, im KSVG (oder anderswo) eine allgemeinverbindliche Definition vorzugeben.

Andererseits braucht man einen klaren und abgrenzbaren Begriff des „Künstlers", will man über die Versicherungspflicht nach dem KSVG verbindlich entscheiden. Der Gesetzgeber verlagert die Begriffsbildung weg vom Gesetz hin zur Verwaltung, hier der KSK, und den Gerichten. Diese Verlagerung ist entgegen vieler Unkenrufe auch klug, lassen sich Verwaltungspraxis und Rechtsprechung schneller an sich verändernde Gegebenheiten anpassen als ein einmal verabschiedetes Gesetz.

a) Nicht die Qualität entscheidet!

Der Gesetzgeber macht nur eine vage Vorgabe: In § 2 KSVG bestimmt er als „Künstler" im Sinne des Gesetzes,

> „(...) wer Musik, darstellende Kunst oder bildende Kunst schafft, ausübt oder lehrt".

Es ist nun die juristische Kunst, diese Vorgabe mit Leben zu erfüllen und für den Alltag handhabbar zu machen. Bei der Bestimmung, wer Künstler im Sinne des KSVG ist, hilft es, sich den Sinn der Künstlersozialversicherung vor Augen zu führen: die soziale Absicherung der in den Kreativbranchen künstlerisch Tätigen.

Das KSVG dient nicht der Begabtenförderung. Es hat nicht das Ziel, talentierten Künstlern ein Stipendium zu verschaffen. Daraus folgt: **Was nach dem KSVG „Kunst" ist, bemißt sich nicht nach der Qualität des Geschaffenen.** Hierauf verweist auch die KSK selbst

ausdrücklich in ihrer Informationsschrift (Informationsschrift Nr. 6
zur Künstlersozialabgabe: Künstlerkatalog und Abgabesätze).

Ausgangspunkt des KSVG war vielmehr die unterdurchschnittli-
che soziale Absicherung von Personen, die „Musik, darstellende
Kunst oder bildende Kunst schaffen, ausüben oder lehren". Es kommt
**also auf die soziale Schutzbedürftigkeit aufgrund der hohen beruf-
lichen Risiken im Kreativbereich an.** In der Gesetzesbegründung für
die Schaffung der Künstlersozialversicherung heißt es deshalb:

> „Von jeder Abgrenzung nach der Qualität der künstlerischen oder publi-
> zistischen Tätigkeit ist abgesehen worden (...). Für die soziale Sicherung
> kann lediglich das soziale Schutzbedürfnis maßgebend sein." (BT-Drs.
> 9/26, S. 18)

Die Anerkennung als „Künstler" im Sinne des KSVG ist also kein
Qualitätssiegel, sondern ein Begriff rein juristischer Art zur Abgrenzung
der Versicherungspflicht.

Diesen Ausgangspunkt betont auch das Bundessozialgericht
(BSG) in seiner Rechtsprechung. In einem Urteil aus dem Jahre
1995 (vom 25. 10. 1995, Az. 3 RK 24/94) hat es sich näher mit dem
Begriff des Künstlers im Sinne des KSVG auseinandergesetzt. Für
das KSVG können danach die materiellen Kriterien des Urheber-
rechts oder des Steuerrechts – Kunst als freie schöpferische Gestaltung, in der Eindrücke, Erfahrungen und Erlebnisse des Künstlers
durch das Medium einer bestimmten Formensprache zur unmittelbaren Anschauung gebracht werden – nicht unverändert übernommen werden:

> „Das KSVG läßt eine Niveaukontrolle, also eine Differenzierung zwi-
> schen ‚höherer' und ‚niederer' bzw. ‚guter' und ‚schlechter' Kunst nicht zu.
> Danach ist iS des KSVG jede Darbietung als Kunst anzusehen, bei der
> auch nur in Ansätzen eine **freie schöpferische Gestaltun**g zu erkennen
> ist." (BSG a.a.O.)

Der Gedanke dabei ist: Ein Künstler, dessen Schaffen allgemein
anerkannt ist und der einen hohen Marktwert erzielt, kann seine
soziale Sicherung auch ohne staatliche Hilfe selbst in die Hand nehmen. Der Schutz des KSVG soll gerade auch den anderen, (noch)

nicht anerkannten und wirtschaftlich nicht abgesicherten Künstlern zu Hilfe kommen:

> „Der Gesetzgeber hielt gerade die soziale Sicherung solcher Personen für unbefriedigend, deren wirtschaftliche Situation nicht zuletzt wegen fehlender allgemeiner Anerkennung eine eigenständige Sicherung nicht zuläßt (...). Dies schließt es aus, an den künstlerischen Gehalt besondere Anforderungen zu stellen." (BSG a.a.O.)

Da eine freie schöpferische Gestaltung nur in Ansätzen vorhanden sein muß, stellt das BSG auch auf formale Kriterien ab. Es orientiert sich an der **„Typologie der Ausübungsformen"** von Kunst. Danach ist der Begriff der „Kunst" im Sinne des KSVG bereits dann erfüllt, wenn

> „(...) das zu beurteilende Werk ohne Rücksicht auf sein geistiges Niveau den Gattungsanforderungen eines bestimmten Werktyps der Kunst (z. B. Theater, Gemälde, Tanz usw.) entspricht. Insoweit sind nicht nur die Kunstgattungen zu berücksichtigen, sondern auch die anerkannten Kunstrichtungen und die Zuordnung zu einem künstlerischen Beruf." (BSG a.a.O.)

Bei der Definition des Begriffes „Kunst" durch die vom BSG angesprochene Typisierung der Werkformen wird also lediglich überprüft, ob eine Tätigkeit in eine der künstlerischen Sparten wie Theater, Bildhauerei o.ä. fällt. Es wird gewissermaßen ein **Katalog künstlerischer Tätigkeiten** erstellt, der allein nach formalen Kriterien gegliedert ist.

b) Der „Künstlerkatalog"

Die Idee einer formalen Kategorisierung künstlerischer Tätigkeiten findet sich bereits im sog. „Künstlerbericht" der Bundesregierung aus dem Jahre 1975 (BT-Drs. 7/3071). Dieser Künstlerbericht wiederum beruhte auf einer wissenschaftlichen Analyse von K. Fohrbeck und A. J. Wiesand (Hanser Verlag 1975) über die wirtschaftliche Lage der künstlerischen Berufe.

In diesem Bericht ist ein Katalog enthalten, nach dem eine Zuordnung verschiedener künstlerischer und publizistischer Berufe in die drei Bereiche „Darstellende Kunst", „Bildende Kunst/Design" und „Musik" erfolgte. So werden im Bereich „Bildende Kunst" etwa die Bildhauer oder Grafikdesigner genannt, im Bereich „Musik" u. a. Komponisten oder Unterhaltungs- und Kurmusiker.

Keinesfalls hat die Aufzählung den Sinn, alle künstlerischen Berufe abschließend aufzuzählen. Der zuständige Bundesminister für Arbeit und Sozialordnung hatte diesen Katalog aber in die (inzwischen aufgehobene) Durchführungsverordnung zum KSVG (DVO vom 23. 5. 1984, BGBl. I S. 709) übernommen, um bei der Berechnung der Künstlersozialabgabe nach diesen Bereichen zu unterscheiden.

Zwar war die Kategorisierung in der DVO damit primär einschlägig nur für die Erhebung der Künstlersozialabgabe. Für die Versicherten hat sie aber mittelbar Bedeutung: die meisten der in der DVO aufgeführten Berufe galten für die KSK nach dem ersten Anschein als künstlerisch bzw. publizistisch. Für Schauspieler, Sänger, Komponisten, Arrangeure und andere ist die Künstlereigenschaft damit nicht besonders problematisch.

> Alle Berufe des Künstlerkataloges finden Sie mit vielen weiteren in einer Übersichtsliste im Anhang.

c) Es zählt nur die tatsächlich ausgeübte Tätigkeit

Zwar stellt das BSG für die Unterscheidung zwischen künstlerischer und nicht-künstlerischer Tätigkeit auf eine formale Kategorisierung wie in dem „Künstlerbericht" ab. Ob jemand nun aber Regisseur oder Autor oder Musiker ist, entscheidet sich allein nach der konkret ausgeübten Tätigkeit. Keinen Einfluß dagegen hat ein formaler Abschluß, etwa von einer Hochschule.

Dies ergibt sich wiederum aus dem Zweck des KSVG: dem sozialen Schutz der Selbständigen in den Kreativbranchen. Da gerade im Kreativbereich viele Berufsbezeichnungen nicht geschützt sind, wäre andernfalls einem Mißbrauch Tür und Tor geöffnet. **Die KSK entscheidet daher immer anhand der konkret ausgeübten Tätigkeit über die Versicherungspflicht.**

> **Beispiel:** Ein ausgebildeter Grafikdesigner ist ausschließlich damit beschäftigt, Werkzeichnungen anzufertigen. Da jede Entwurfstätigkeit fehlt und es sich um eine nur manuell-technische, nicht auch schöpferische Umsetzung handelt, liegt mangels kreativer Eigenleistung keine künstlerische Tätigkeit im Sinne des KSVG vor.

Da nur die tatsächlich ausgeübte Tätigkeit entscheidet, verlangt die KSK in jedem Fall, daß der Betroffene **Nachweise** über die berufsmäßige Ausübung vorlegt, etwa Zeitungskritiken über eine Ausstellung oder Aufführung, Vertragskopien, Kataloge etc.

d) Die Behandlung von Zweifelsfällen

Ist der Beruf des Goldschmieds ein künstlerischer? Oder gehört er zum Handwerk? Oder beides, und was wäre dann die Folge? Die gleichen Fragen stellen sich etwa bei der Fotografie oder bei Lehrtätigkeiten.

Gemeinsam ist allen diesen nicht eindeutigen Fällen, daß die KSK zur Prüfung der Versicherungspflicht eine ausführliche Tätigkeitsbeschreibung verlangt. Erst anhand dieser Beschreibung kann sie entscheiden, ob der künstlerische Aspekt der Arbeit im Sinne des KSVG vorhanden ist.

aa) Handwerk: Natürlich kann ein Goldschmied sein Fach handwerklich und zugleich auch künstlerisch ausüben.[*] Von der natürlichen Betrachtungsweise unterscheidet sich die juristische in diesem Fall aber, da es für die Frage der Zuordnung zur KSK nur ein „entweder-oder" geben kann. Es muß also entschieden werden, ob der jeweilige Goldschmied mit seiner konkreten Tätigkeit entweder Handwerker ist oder Künstler im Sinne des KSVG. Das KSVG dient dem sozialen Schutz der Künstler, nicht der Handwerker, deren Berufsleben durch andere Merkmale gekennzeichnet ist.

Die Abgrenzung von Kunst und Gewerbe richtet sich nicht nach formalen Kriterien wie etwa einer Eintragung in die Handwerksrolle. Daß auch die in die Handwerksrolle eingetragenen Handwerker Künstler im Sinne des KSVG sein können, zeigt schon § 4 Nr. 3 KSVG: sie sind dann lediglich versicherungsfrei in der gesetzlichen Rentenversicherung.

Die KSK hatte ursprünglich noch für eine künstlerische Tätigkeit im Sinne des KSVG gefordert, daß der künstlerische Wert der angefertigten Sache deren Gebrauchswert übersteigt.

---

[*] Eine umfangreiche und praktische Einführung in die Abgrenzung von Kunst und Gewerbe mit allen rechtlichen Problemen und mit praktischen Tips bietet das Buch „Kunst oder Gewerbe?" von W. Maaßen, C. F. Müller Verlag, Heidelberg, 1996.

Nach der inzwischen gefestigten **Rechtsprechung des BSG** erfolgt die Abgrenzung von Kunst und Gewerbe aber nach materiellen Gesichtspunkten. Kunst im Sinne des KSVG liegt danach allgemein nur vor bei einer eigenschöpferischen Gestaltung durch den Kunstschaffenden. Nun erfordert aber auch schon jede handwerkliche Arbeit eine eigenschöpferische Leistung. Deshalb kommt das BSG zu dem Schluß:

> „Für die Bewertung als künstlerische Leistung kommt es darauf an, ob eine über eine kunsthandwerkliche Gestaltung hinausgehende schöpferische Leistung entfaltet wird." (Urteil v. 24. 6. 1998, Az. B 3 KR 13/97 R)

Die Einordnung als künstlerische Tätigkeit sieht das BSG als unproblematisch an, wenn sich die Tätigkeit auf die **Anfertigung von Entwürfen** beschränkt. Anders hingegen, wenn nach den eigenen Entwürfen oder Vorstellungen der Auftraggeber auch **Einzelstücke selbst angefertigt** würden. Die Einzelfertigung ist keine notwendig eigenschöpferische künstlerische Leistung. Denn individuelle Fertigung zeichne, so das BSG, auch das Handwerk aus und unterscheide es von der industriellen Produktion. In diesen Fällen könne die Tätigkeit daher nur dann als künstlerisch angesehen werden,

> „(...) wenn der Betroffene mit seinen Werken in einschlägigen fachkundigen Kreisen als ‚Künstler' anerkannt und behandelt wird". (BSG Urteil v. 20. 3. 1997, Az. 3 RK 15/96)

Dabei kommt es nicht auf die subjektive Einschätzung einzelner Fachleute an, sondern auf objektive Anzeichen für eine allgemeine Anerkennung. Als Indizien für eine solche Anerkennung durch die Fachkreise nennt das BSG etwa

- die Teilnahme an Kunstausstellungen,
- Mitgliedschaften in Künstlervereinen,
- die Aufführung in Künstlerlexika,
- Auszeichnungen als Künstler.

Das BSG hat diese Kriterien auf **Instrumentenbauer** angewendet (Urteile v. 20.3. 1997, Az. 3 RK 15/96 und 3 RK 20/96), auf **Feintäschner** (Urteil v. 24.6. 1998, Az. B 3 KR 13/97 R), und auf **Fotografen** (dazu sogleich), das LSG Baden-Württemberg auf **Möbelrestauratoren** (Urteil v. 28. 1. 2000, Az. L 4 KR 2617/98).

Die Tätigkeit eines **Tiermodellbauers** dagegen ist nach einem

Urteil des BSG originär künstlerisch und läßt sich nicht einem handwerklichen oder technischen Bereich zuordnen, wie dies etwa bei einem reinen Tierpräparator der Fall wäre. Deshalb kommt es auch nicht auf eine Anerkennung in künstlerischen Kreisen an (Urteil vom 30. 1. 2001, Az. B 3 KR 11/00).

bb) Fotografie: Die gleichen Kriterien, die das BSG für die Abgrenzung von Handwerk und Kunst im Sinne des KSVG entwickelt hat, gelten auch für die Abgrenzung von handwerklicher und künstlerischer Fotografie.

Auch hier ist entscheidend,

> „(...) ob dem Schaffen eines Fotografen eine schöpferische Leistung in einem Umfang zugrunde liegt, die über das in diesem Beruf durch eine schöpferische bzw. gestalterische Komponente bereits gekennzeichnete Handwerkliche deutlich hinausgeht." (BSG Urteil v. 24. 6. 1998, Az. B 3 KR 11/97 R)

Für die Einordnung als Kunst im Sinne des KSVG sieht das BSG als kennzeichnend an die „Motivwahl und die Motivgestaltung nach ästhetischen Gesichtspunkten (Auswahl, Komposition, Licht, Schattenwurf, Perspektive, farbliche Gestaltung Verfremdungseffekte, Weichzeichnung)". Dagegen beschränkten sich Leistungen wie Auswahl des geeigneten Filmmaterials, Standortwahl, Ausleuchtung etc. auf das rein technisch-handwerkliche Gelingen der Aufnahmen, ohne bereits den Bereich des künstlerischen Schaffens zu berühren.

Aus diesem Grund hat das BSG die Tätigkeit eines **Gemäldefotografen** nicht als künstlerisch im Sinne des § 2 KSVG angesehen: ihm stünde ein künstlerisch-gestalterischer Freiraum nicht zur Verfügung, die Tätigkeit beschränke sich allein auf das technisch-handwerkliche Gelingen der Fotografie (BSG a.a.O.).

Etwas anderes gilt allerdings für Bildjournalisten und **Pressefotografen**: sie sind als Journalisten „Publizisten" im Sinne des KSVG und damit versicherungspflichtig, auf einen künstlerischen Gehalt ihrer Tätigkeit kommt es gerade nicht an (s. unten 2 b).

cc) Lehrtätigkeiten: Nach dem KSVG wird auch versichert, wer selbständig Musik, darstellende Kunst oder bildende Kunst lehrt.

Nach einem Urteil des BSG bezieht sich das KSVG jedoch

„(...) nur auf solche Lehrtätigkeiten, die der aktiven Kunstausbildung der Auszubildenden dienen. Gegenstand der Lehrtätigkeit muß die Vermittlung praktischer oder theoretischer Kenntnisse sein, die sich auf die Fähigkeiten oder Fertigkeiten der Auszubildenden bei der Ausübung von Kunst auswirken". (BSG Urteil v. 24. 6. 1998, Az. B 3 KR 10/97 R; Hervorh. d. Verf.)

Nicht entscheidend ist, ob angehende Künstler oder aber Laien unterrichtet werden. Das KSVG erfaßt sowohl die Unterrichtung von Künstlern, die für ihren späteren Beruf ausgebildet werden, als **auch die Ausbildung von Laien und von Kindern**, die das Gelernte nur für Freizeitzwecke verwenden möchten.

Einzige Bedingung ist, daß die aktive Kunstausübung unterrichtet wird. Das KSVG ist dagegen nicht einschlägig, wenn nur theoretische Kenntnisse vermittelt werden:

„Die bloße Vermittlung von Bildungswissen reicht demgegenüber auch dann nicht aus, wenn sie der Fortentwicklung des Kunstverständnisses und der Erweiterung theoretischer Kenntnisse über Kunst dient." (BSG a.a.O.)

Aus diesem Grund hat das BSG in dem zitierten Urteil die Versicherungspflicht einer Dozentin für Kunstgeschichte verneint, die kunsthistorische Vorträge in Museen und Studienkurse an einer Hochschule hielt.

Solange allerdings der Unterricht der Kunstausübung dient, hat das BSG auch die Vermittlung von Grundlagenwissen im Sinne einer Allgemeinbildung als ausreichend angesehen. Dies betraf konkret die Unterrichtung von Kindern im Rahmen der **musikalischen Früherziehung**. In diesem Unterricht wurden theoretische und praktische Grundlagen einer späteren Musikausübung gelehrt, ohne jedoch schon in einem konkreten Musikinstrument zu unterrichten. Da die theoretischen Kenntnisse Voraussetzung zumindest für das Verständnis praktischen Musizierens seien, falle auch dieser Unterricht unter die Lehre von Musik im Sinne des KSVG:

„Musik lehrt sogar derjenige, der nur theoretischen Unterricht erteilt, soweit die theoretischen Kenntnisse für das Ausüben oder zumindest das Verständnis praktischen Musizierens sind. Erst recht kann aber das Lehren von Musik nicht bezweifelt werden, wenn neben theoretischem Grundwissen auch praktisches Erfahrungswissen vermittelt wird, etwa durch Rhythmus- und Klangübungen (...)." (Urteil v. 14. 12. 1994, Az. 3/12 RK 80/92)

Wenn allerdings die lehrende Tätigkeit der praktischen Ausübung von Kunst dient, ist eine hinter der Ausbildung stehende bestimmte **Weltanschauung und Geisteshaltung irrelevant.** So wollte die KSK eine selbständige Eurythmie-Lehrerin nicht als Künstlerin anerkennen, da ihre Tätigkeit primär nicht der Ausbildung anderer in Eurythmie gelte, sondern vielmehr der ganzheitlichen Persönlichkeitsbildung nach den Grundsätzen der anthroposophischen Lehre. Das BSG urteilte dagegen, daß es „allein auf die objektive Zielrichtung der Maßnahme" ankomme, die hier in der Befähigung zur Ausübung der Eurythmie liege. Ein mittelbar verfolgter Zweck zur Allgemeinerziehung sei unbeachtlich. Etwas anderes gelte nur für die Unterrichtung an allgemeinbildenden Einrichtungen (Urteil v. 14. 12. 1994, Az. 3/12 RK 62/93).

Die Versicherungspflicht setzt nicht eine abgeschlossene Berufsausbildung des Lehrenden voraus. Künstlerische Tätigkeiten erfordern keine geordnete Ausbildung. Und gerade künstlerisch Tätige oder Lehrende, die keine Ausbildung erhalten haben, seien, so das BSG, auf den besonderen Schutz der Solidargemeinschaft angewiesen, so daß sich das KSVG gerade auch auf sie erstrecken müsse (BSG Urteil v. 14. 12. 1994, Az. 3/12 RK 80/92).

2. Wer ist „Publizist" im Sinne des KSVG?

Nach § 2 KSVG ist „Publizist" im Sinne des KSVG,

„(...) wer als Schriftsteller, Journalist oder in anderer Weise publizistisch tätig ist oder Publizistik lehrt".

Die „Publizistik" ist also der Oberbegriff, unter den insbesondere die Schriftstellerei und der Journalismus fallen. Neben diesen beiden gibt es aber noch weitere, im Gesetz nicht ausdrücklich genannte publizistische Tätigkeiten. Nach der Rechtsprechung des BSG gehört zur Publizistik

„(...) jede Tätigkeit zur textlichen oder bildlichen Gestaltung von Massenkommunikationsmitteln". (Urteil v. 27. 3. 1996, Az. 3 RK 10/95)

Dies könne sowohl durch eigenschöpferische Wortgestaltung als auch durch die Gestaltung von Massenkommunikationsmitteln erfolgen. Der Begriff „Publizistik" ist also weit zu verstehen und beschränkt sich – zumindest im journalistischen Bereich – nicht auf Wortautoren (BSG Urteil vom 24. 6. 1998, Az. B 3 KR 10/97 R).

Voraussetzung jeder publizistischen Tätigkeit im Sinne des KSVG ist jedoch der **Öffentlichkeitsbezug**: Der Begriff „Publizistik" umfaßt alle

> „(...) am Kommunikationsprozeß an einer öffentlichen Aussage schöpferisch Mitwirkenden." (BSG Urteil v. 24. 6. 1998, Az. B 3 KR 10/97 R; Hervorh. d. Verf.)

a) Schriftstellerei

Zu den Schriftstellern lassen sich alle Personen zählen, die eigenschöpferisch Texte verfassen und am Kommunikationsprozeß mit einer öffentlichen Aussage mitwirken. Romanautoren fallen daher genauso unter diese Gruppe wie Lyriker, Dichter, Autoren für Film und Fernsehen, Kritiker usw.

b) Journalismus

Zu den Publizisten zählen auch die Journalisten. Dies beschränkt sich nicht nur auf die Verfasser von Wortbeiträgen, sondern bezieht auch die Pressefotografen, Bildjournalisten und Bildberichterstatter mit ein:

> „Journalistisch tätig ist, wer Informationen über das Zeitgeschehen in allen seinen Erscheinungsformen sammelt, darstellt oder würdigt. Darstellung oder Würdigung in sprachlicher Form bilden zwar die Regel; Fotografen, die sich mit aktueller Bildberichterstattung befassen, werden jedoch gleichfalls in journalistischer Weise publizistisch tätig." (BSG Urteil v. 27. 3. 1996, Az. 3 RK 10/95)

Die Abgrenzung zwischen künstlerischer und publizistischer Fotografie (die aber nur für die Erhebung der Künstlersozialabgabe bei Unternehmen erheblich ist) vollzieht sich dabei anhand der unterschiedlichen Zielrichtung beider: Bei der publizistischen (journalistischen) Fotografie stehe

„(...) das Abbilden von Personen, Gegenständen und Vorgängen der Zeitgeschichte mit tagesaktueller Bedeutung und der Nachrichten-, Informations- und Dokumentationswert des Bildes im Vordergrund (...)",

während bei der künstlerischen Fotografie der Schwerpunkt auf der ästhetischen Gestaltung (Ausdruck, Komposition, Licht, Perspektive etc.) liege (BSG Urteil v. 27. 3. 1996, Az. 3 RK 10/95). Daß nachträglich auch ein Pressefoto als künstlerisch eingestuft werden könne, sei für die Einordnung in die Sparten bildende Kunst und Publizistik unbeachtlich.

c) Andere publizistische Tätigkeit

Nach § 2 KSVG wird auch versichert, wer selbständig „in anderer Weise publizistisch tätig ist".

Eine verbindliche Definition der „anderen" publizistischen Tätigkeiten findet sich weder im Gesetz, noch wurde sie bislang vom BSG entwickelt. Das BSG und die untergeordneten Instanzen haben vielmehr in mehreren Einzelentscheidungen fallweise beurteilt, ob eine bestimmte Tätigkeit unter den Begriff der Publizistik im Sinne des KSVG fällt.

So hat das BSG die Tätigkeit eines **Umbruchredakteurs** als publizistisch eingeordnet, da der Begriff der publizistischen Tätigkeit weit auszulegen sei und alle Personen umfasse, die im Verlagswesen durch ihre gestalterische Tätigkeit den Charakter des Druckwerks mitbestimmen (Urteil v. 15. 2. 1989, Az. 12 RK 67/87). Auch eine **technische Redakteurin**, die technische Dokumentationen, Bedienungsanleitungen und Adreß-Handbücher im Technik- und Softwarebereich angefertigt hat, wurde vom BSG als Publizistin im Sinne des KSVG anerkannt (Urteil v. 30. 1. 2001, Az. B 3 KR 7/00 R). Denn sowohl das Anfertigen von Bedienungsanleitungen als auch von Adreß-Handbüchern erforderten eine redaktionelle Konzeption und Gestaltung, die über ein rein mechanisches Zusammenstellen von Angaben und Adressen hinausreiche.

Für die Tätigkeit von **Dozenten** an Einrichtungen der Erwachsenenbildung und andere **Lehrtätigkeiten** hat das BSG außerdem eine wichtige Einschränkung vorgenommen (zur Lehre von Publizistik dagegen siehe unten d): Sie seien als solche keine Publizisten im

Sinne des KSVG und damit nicht versicherungspflichtig, denn Lehrveranstaltungen seien keine publizistische Tätigkeit:

> „Es muß sich jedoch um an die Öffentlichkeit gerichtete Aussagen handeln, bei denen die Möglichkeit eines Dialogs und eine pädagogische Zielrichtung mit einer entsprechenden Erfolgskontrolle, wie sie für eine lehrende Tätigkeit typisch ist, fehlen." (Urteil v. 24. 6. 1998 – B 3 KR 10/97 R)

Dies gilt ebenso für eine Vortragstätigkeit an Museen. Selbständig Lehrende seien außerdem in der gesetzlichen Rentenversicherung pflichtversichert (§ 2 Nr. 1 SGB VI), so daß keine soziale Schutzbedürftigkeit bestehe (BSG a.a.O.).

> **Beispiel:** Ein freiberuflicher Dozent für politische Themen, der an verschiedenen Einrichtungen bildungspolitische Seminare und Veranstaltungen organisiert und durchgeführt hatte, wollte über die KSK versichert werden. Das LSG Berlin verneinte unter Berufung auf das o. g. Urteil des BSG die Versicherungspflicht nach dem KSVG: Eine publizistische Tätigkeit liege nur vor, wenn die Möglichkeit eines direkten Dialoges und eine pädagogische Zielrichtung fehlten. Dies sei bei einem Dozenten an bildungspolitischen Einrichtungen gerade nicht der Fall (LSG Berlin Urteil v. 27. 1. 1999, Az. L 15 Kr 31/96 NK).

d) Lehre von Publizistik

Erstmals wird seit der Gesetzesänderung aus dem Jahr 2001 auch nach dem KSVG versichert, wer Publizistik lehrt. Nach der früheren Rechtslage bestand hier eine Lücke im Versicherungsschutz, da nach dem Wortlaut des § 2 KSVG a. F. nur die Lehre von darstellender oder bildender Kunst oder von Musik unter die Versicherungspflicht fiel.

Der Begriff der Lehre von Publizistik umfaßt die Unterrichtung an Journalistenschulen und der Studiengänge der Publizistik und der Journalistik an Hochschulen.

3. Die Bedeutung der Staatsangehörigkeit

Die Versicherungspflicht nach dem KSVG ist nicht auf deutsche selbständige Künstler und Publizisten beschränkt – sie gilt auch für **ausländische Staatsangehörige**, die dauerhaft im Bundesgebiet tätig sind.

Eine **Ausnahme** gilt nur dann, wenn die Tätigkeit durch einen Ausländer zeitlich befristet in Deutschland ausgeübt wird: dann erfolgt keine Versicherung über die KSK. Andererseits bleibt das KSVG auch dann anwendbar, wenn ein Deutscher befristet im Ausland tätig wird.

a) Die Regel: Territorialitätsprinzip und „Ausstrahlung"

Es ist ein Grundsatz des deutschen Sozialversicherungsrechts: Ordnet ein Gesetz für einen bestimmten Personenkreis eine Versicherungspflicht an (wie etwa das KSVG für selbständige Künstler und Publizisten), so gilt dies für alle betroffenen Personen, ungeachtet der jeweiligen Staatsangehörigkeit. Dieser Grundsatz wird **Territorialitätsprinzip** genannt und ist in § 3 SGB IV festgelegt:

„Die Vorschriften über die Versicherungspflicht (...) gelten,
1. soweit sie (...) eine selbständige Tätigkeit voraussetzen, für alle Personen, die im Geltungsbereich dieses Gesetzes selbständig tätig sind,
2. (...)"

Beispiele: Ein deutscher Journalist arbeitet dauerhaft in Hamburg freiberuflich beim Rundfunk; ein italienischer Sänger lebt dauerhaft in Berlin und arbeitet dort als Musiker. Beide sind als selbständige Künstler bzw. Publizist unbefristet im Inland tätig und deshalb versicherungspflichtig nach dem KSVG.

Als Inland gilt auch der Raum eines unter deutscher Flagge fahrenden Schiffes, auch wenn sich dieses auf der Hohen See oder in einem fremden Hafen bewegt (sog. Flaggenstaatsprinzip).

Beispiel: Ein in Deutschland lebender, selbständiger Barpianist ist auf einem Kreuzfahrtschiff angeheuert, welches in Deutschland registriert ist.

Diese Regel des Territorialitätsprinzips gilt auch dann, wenn ein üblicherweise in Deutschland selbständig tätiger Künstler oder Publizist (egal welcher Nationalität) **befristet im Ausland tätig** ist. Sinn dieser Regelung ist, daß der Sozialversicherungsschutz nicht durch die – häufig beruflich notwendige – Auslandstätigkeit entfällt. Deshalb ordnet § 4 SGB IV die sog. „Ausstrahlungswirkung" an, das Sozialversicherungsrecht folgt dem Versicherten gewissermaßen in das Ausland mit.

Hinsichtlich der möglichen **Dauer** des Auslandsaufenthalts muß unterschieden werden:

Für einen Aufenthalt in einem anderen Mitgliedstaat der **Europäischen Gemeinschaften** und des Europäischen Wirtschaftsraumes (Belgien, Dänemark, Finnland, Frankreich, Griechenland, Irland, Island, Italien, Liechtenstein, Luxemburg, Niederlande, Norwegen, Österreich, Portugal, Schweden, Spanien, Vereinigtes Königreich) gilt gem. Art. 14 der VO EWG Nr. 1408/71 ein Zeitraum von 12 Monaten. Wird diese Dauer nicht überschritten, bleibt der Versicherungsschutz nach dem KSVG bestehen.

Für den Aufenthalt in **anderen Staaten** gilt die feste 12-Monats-Regelung nicht. Hier kommt es auf die Umstände des Einzelfalles an. Der Aufenthalt muß jedoch nicht notwendig kurzfristig sein. Die Versicherungspflicht kann auch dann bestehen bleiben, wenn es sich um eine mehrjährige Tätigkeit handelt. Das KSVG gilt nur dann nicht, wenn die Auslandstätigkeit bei ihrem Beginn unbefristet ist.

Anderes gilt für die **Schweiz.** Wird hier eine selbständige künstlerische oder publizistische Tätigkeit ausgeübt, gilt allein Schweizer Recht (sog. Trennungsprinzip).

> **Beispiele:** Eine Berliner Band unternimmt eine mehrmonatige Auslandstournee nach Nordamerika. Ein Journalist wird für zwei Jahre als Auslandskorrespondent verpflichtet. Bei all diesen Tätigkeiten ist die Dauer des Auslandsaufenthalts begrenzt und im vornherein bestimmt. Die Versicherungspflicht nach dem KSVG bleibt (wegen der Ausstrahlung des § 4 SGB IV) bestehen.

b) Die Ausnahme: nur befristeter Aufenthalt in Deutschland („Einstrahlung")

Die Versicherungspflicht nach dem KSVG besteht nicht, wenn ein sonst im Ausland lebender und selbständig tätiger Künstler oder Publizist nur **befristet im Bundesgebiet tätig** wird. Denn dann besteht eine soziale Sicherung im Heimatstaat, eine weitere und damit doppelte Sozialversicherung ist unerheblich. Dies ist die sog. „Einstrahlung", die Ausnahme zum Territorialitätsprinzip, geregelt in § 5 SGB IV.

Wer also hauptsächlich im Ausland lebt und arbeitet und nur für eine befristete, absehbare Zeit im Bundesgebiet als selbständiger Künstler oder Publizist tätig wird, ist nicht nach dem KSVG versicherungspflichtig. Hinsichtlich der Dauer gelten die gleichen Ausführungen wie zur Ausstrahlung.

Auch hier ist die Staatsangehörigkeit unerheblich. Daher wird auch ein dauerhaft im Ausland lebender Deutscher nicht vom KSVG betroffen, der in Deutschland einer nur befristeten selbständigen Tätigkeit nachgeht.

> **Beispiel:** Eine Band aus Brasilien unternimmt eine Tournee durch Europa. Auch hier ist die Tätigkeit im Bundesgebiet zeitlich begrenzt, das KSVG ist nicht anwendbar.

4. Übersicht: 400 künstlerische und publizistische Berufe und ihre Einordnung in das System der Künstlersozialversicherung

In der Liste im Anhang I sind vom Akrobaten bis zum Zauberer 400 Berufe und Tätigkeiten mit deren Zuordnung zum System der Künstlersozialversicherung aufgeführt. In der Spalte „Anmerkungen" sind Hinweise auf Einschränkungen oder Bedingungen aus der Praxis der KSK enthalten sowie auf ergangene Gerichtsentscheidungen.

Diese Liste gibt nur Auskunft darüber, ob und wann ein Beruf in der Regel künstlerisch bzw. publizistisch im Sinne des KSVG ist. Sie sagt noch nichts darüber aus, ob der Beruf abhängig oder selbständig ausgeübt wird! Zu dieser Frage und den weiteren Voraussetzungen einer Versicherungspflicht siehe den nachfolgenden Abschnitt II.

II. Zweite Voraussetzung: Selbständigkeit der Tätigkeit

Ziel des KSVG ist es, die besonderen finanziellen Risiken der selbständigen Künstler und Publizisten abzufedern und deren soziale Absicherung zu ermöglichen. Nach dem KSVG wird nicht versichert, wer als Arbeitnehmer abhängig beschäftigt ist!

1. Die Abgrenzung zwischen Selbständigkeit und Beschäftigung

Wie schon bei der Frage, wer „Künstler" oder „Publizist" ist, fehlt im Gesetz eine verbindliche Definition auch darüber, wer Beschäftigter und wer Selbständiger ist. So heißt es lediglich in § 7 Abs. 1 SGB IV:

> „Beschäftigung ist die nichtselbständige Arbeit, insbesondere in einem Arbeitsverhältnis. Anhaltspunkte für eine Beschäftigung sind eine Tätigkeit nach Weisungen und eine Eingliederung in die Arbeitsorganisation des Weisungsgebers."

Auch in diesem Fall oblag es damit den Gerichten und der Rechtswissenschaft, die Begriffe der „Beschäftigung" und der „selbständigen Tätigkeit" voneinander abzugrenzen. Das BSG zieht die Grenze zwischen beiden anhand der **persönlichen Abhängigkeit**:

> „(...) Danach ist für die Wertung einer Beschäftigung als abhängig ausschlaggebend, daß sie in persönlicher Abhängigkeit verrichtet wird. Diese äußert sich regelmäßig in der Eingliederung des Beschäftigten in einen fremden Betrieb, sei es, daß er umfassend einem Zeit, Dauer und Ort der Arbeit betreffenden Weisungsrecht des Arbeitgebers unterliegt, sei es auch nur, insbesondere bei Diensten höherer Art, daß er funktionsgerecht dienend am Arbeitsprozeß des Arbeitgebers teilhat.
>
> Demgegenüber kennzeichnen eine selbständige Tätigkeit das eigene Unternehmerrisiko, die Verfügungsfreiheit über die eigene Arbeitskraft sowie die im wesentlichen frei gestaltete Tätigkeit und Arbeitszeit." (BSG Urteil vom 28. 1. 1999, Az. B 3 KR 2/98 RNK; Hervorh. d. Verf.)

> Beachten Sie den Unterschied zwischen dem Begriff der „Beschäftigung" im Sozialversicherungsrecht und dem des „Arbeitsverhältnises" im Arbeitsrecht. Die „Beschäftigung" im Sinne des Sozialrechts schließt die Arbeitsverhältnisse ein, ist aber weiter und umfaßt beispielsweise auch Geschäftsführer von Kapitalgesellschaften (die regelmäßig keine Arbeitnehmer im arbeitsrechtlichen Sinne sind).

a) Nicht die Vertragsformulierungen zählen, sondern die tatsächlichen Verhältnisse

Für die Abgrenzung von Beschäftigung und Selbständigkeit kommt es nicht darauf an, wie die Vertragsparteien ihr Rechtsverhältnis bezeichnen. Egal, ob der Vertrag „Arbeitsvertrag", „Werkvertrag", „Dienstvertrag", „Rahmenvereinbarung" oder anders überschrieben ist – **für die rechtliche Einordnung der vertraglichen Beziehungen als Arbeitsverhältnis oder selbständige Durchführung kommt es allein darauf an, wie der Vertrag in der Praxis vollzogen wird.** Steht die praktische Durchführung im Widerspruch zum Vertragsinhalt, kommt es allein auf die Vertragspraxis an:

> „Grundlage der Beurteilung sind die tatsächlichen Verhältnisse. Die in einer vertraglichen Vereinbarung gewählte Bezeichnung oder rechtliche Einordnung einer Tätigkeit ist dagegen nicht maßgebend, wenn sie davon abweicht." (BSG a.a.O.)

Beispiel 1: Ein Grafiker vereinbart in einer als „Werkvertrag" überschriebenen Vereinbarung mit einem Grafikbüro die Übernahme bestimmter Aufgaben. Nach den vertraglichen Vereinbarungen ist der Grafiker weisungsfrei. In der praktischen Durchführung aber ist das Grafikbüro weisungsbefugt hinsichtlich der konkreten Ausführung der Arbeiten, der Arbeitszeit und des Arbeitsortes. Dann liegt nach der Rechtsprechung des BSG „persönliche Abhängigkeit" vor, der Grafiker ist sozialversicherungsrechtlich als Arbeitnehmer einzustufen.

Beispiel 2: Ein freier Regisseur vereinbart mit einem Produktionsbüro die Durchführung eines Filmprojekts. Irrtümlich wird der Vertrag mit „Arbeitsvertrag" überschrieben, obwohl der Regisseur nach Vertragsinhalt und praktischer Durchführung nicht „persönlich abhängig" ist. Die falsche Bezeichnung führt nicht zu einem Arbeitsverhältnis, der Regisseur bleibt selbständig.

Durch die formale Vertragsgestaltung und die Vertragsformulierungen allein lassen sich unliebsame Folgen also nicht verhindern.

Eine Selbständigkeit, die nur auf dem Papier steht und mit der Wirklichkeit nicht übereinstimmt, hat vor den Gerichten keinen Bestand!

---

b) Selbständig ist, wer nicht von einem Arbeitgeber „persönlich abhängig" ist

Nach der Rechtsprechung des BSG ist nicht selbständig tätig, sondern beschäftigt, wer vom Arbeitgeber „persönlich abhängig" ist. **Anhaltspunkte für die persönliche Abhängigkeit** sind:

- Weisungsgebundenheit und
- Eingliederung in eine fremde Arbeitsorganisation.

Diese von der Rechtsprechung entwickelten Indizien wurden inzwischen vom Gesetzgeber übernommen und in den oben wiedergegebenen § 7 Abs. 1 SGB IV eingefügt.

Indizien für eine selbständige Tätigkeit sind dagegen:

- das Tragen eines unternehmerischen Risikos,
- eine eigene Betriebsstätte und
- die freie Gestaltung der Arbeit nach Ort, Zeit und Dauer.

Ein unternehmerisches Risiko liegt vor, wenn der Erfolg eines eigenen wirtschaftlichen Einsatzes ungewiß ist und der Tätige selbst den unmittelbaren wirtschaftlichen Vor- oder Nachteil seiner Arbeit hat.

Allerdings läßt sich die Unterscheidung zwischen Beschäftigten und Selbständigen nicht schematisch vornehmen. Gerade im künstlerischen und publizistischen Bereich sind die Unternehmen häufig auf die Zusammenarbeit einer Vielzahl von Spezialisten in einem Team angewiesen. Hier versagt schon das zweite der oben genannten Merkmale, die Eingliederung in eine fremde Arbeitsorganisation: sie gilt notwendigerweise sowohl für die Arbeitnehmer wie für die Selbständigen.

Außerdem taugt die Weisungsabhängigkeit als Indiz für eine abhängige Beschäftigung um so weniger, je höher qualifiziert eine Tätigkeit ist. Denn je höher die Qualifikation eines Beschäftigten ist, um so weniger hat der Arbeitgeber Möglichkeiten, im einzelnen konkrete Vorgaben für die Umsetzung zu machen.

Die Gerichte und die Rechtswissenschaft haben deshalb eine Vielzahl von Abgrenzungskriterien entwickelt, anhand derer das jeweilige Rechtsverhältnis zu beurteilen ist.

aa) Kriterien für die Abgrenzung von selbständiger Tätigkeit und abhängiger Beschäftigung: Die folgende Tabelle faßt in stich-

wortartiger Übersicht zusammen, welche Umstände der Zusammenarbeit von leistendem Künstler (bzw. Publizisten) und Lei-
stungsempfänger (Unternehmen) für eine Selbständigkeit des Leistenden und welche für ein Arbeitsverhältnis zwischen beiden
sprechen. Wie bei jeder schematischen Beschreibung juristischer
Fragen gilt aber:

> **Die Stichworte der Tabelle können nur einen Anhaltspunkt bieten. Es
> zählen immer die konkreten Umstände eines jeden Einzelfalles!**

Selbständiger ist, wer	Arbeitnehmer ist, wer
• über Arbeitszeit und Arbeitsort selbst bestimmen kann	• bez. Arbeitszeit oder Arbeitsort Weisungen unterliegt
• über die Art der Ausführung der Arbeit selbst bestimmen kann	• hinsichtlich der Art der Ausführung dem Weisungsrecht des Arbeit- gebers unterliegt
• über kein festes Einkommen verfügt	• ein festes monatliches Gehalt bezieht
• keinen Anspruch auf Urlaub und Krankenbezüge besitzt	• Anspruch auf Urlaub und Kranken- bezüge hat
• unternehmerisches Risiko trägt	• kein eigenes unternehmerisches Risiko trägt
• ein Erfolgshonorar bezieht	• unabhängig vom Erfolg der Tätig- keit entlohnt wird
• Aufträge ablehnen kann	• an der Dienstplanaufstellung nicht beteiligt ist
• zur Einkommensteuer veranlagt wird (s. aber unten c)	• lohnsteuerpflichtig ist (s. aber unten c)

Tab. 3: Abgrenzung Selbständigkeit – Beschäftigung

Daß diese Kriterien mit Vorsicht zu genießen sind, zeigt eine Entscheidung des SG Mainz (Urteil vom 7. 11. 2000, Az. S 6 KR 44/99).
Es ging um die Frage, ob ein **Unterhaltungsmusiker**, der in verschiedenen Hotels und Bars spielte, selbständig tätig oder abhängig
beschäftigt war. Die Verträge sahen meist eine Dauer von ein bis
zwei Monaten vor, regelten Arbeitszeit, Pausen, Freigetränke, Über-
nachtungen und die Tages- oder Monatsgage. Im Falle seiner Ver-
hinderung mußte der Musiker Ersatz beschaffen und auch bezah-
len, Urlaubsregelungen wurden nicht getroffen.

Die KSK sah in den Vorgaben für Arbeitszeit und Pausen und den monatlichen Pauschalhonoraren klare Indizen für eine abhängige Beschäftigung. Anders das SG Mainz: die Ersatzpflicht bei Ausfall zeige das unternehmerische Risiko. Ebenso die Regelung von Arbeitszeit und -ort. Dies sei eine freie „Vereinbarung zwischen zwei gleichgeordneten Partnern", keinesfalls bestehe ein Weisungsrecht des Auftraggebers: „Es liegt in der Natur der Sache, daß ein Musiker (...) mit dem Auftraggeber im voraus vereinbart, zu welchen Uhrzeiten dies erfolgen soll" (SG Mainz, a.a.O.).

Nach Auffassung der Richter spricht die Vereinbarung von Arbeitszeit und -ort – entgegen der obigen Übersicht – also gerade nicht für die abhängige Beschäftigung! Man muß demnach unterscheiden, ob die Arbeitszeit frei vereinbart wird und vom Auftraggeber auch nicht einseitig abgeändert werden kann, oder ob der Künstler der einseitigen Weisungsbefugnis hinsichtlich der Arbeitszeit unterliegt und ggf. Änderungen der Arbeitszeit akzeptieren muß.

Ist im Zweifelsfall sehr genau zu prüfen, für welche Seite die oben genannten Stichworte sprechen, so gibt es auch Kriterien, die für eine Unterscheidung zwischen selbständiger Tätigkeit und persönlicher Abhängigkeit **regelmäßig nicht herangezogen werden können**:

- **Wirtschaftliche Abhängigkeit.** Das BSG spricht ausdrücklich von der persönlichen Abhängigkeit, nicht von der wirtschaftlichen. Denn gerade Existenzgründer können wirtschaftlich leicht von einem einzelnen Auftraggeber abhängen. Andererseits muß auch ein Arbeitnehmer nicht notwendig von seinem Arbeitgeber wirtschaftlich abhängig sein – etwa bei einem vermögenden Lebenspartner oder einer entsprechenden Erbschaft.
- **Angewiesensein des Beauftragten auf technische und personelle Mittel des Auftraggebers.** Auch Selbständigen kann das Recht eingeräumt werden, auf technische und/oder personelle Mittel des Auftraggebers zurückzugreifen. Häufig wird dies zur Durchführung der Tätigkeit sogar erforderlich sein, etwa bei einem Gastregisseur an einer Bühne (s. auch BAG Urteil v. 22. 4. 1998, Az. 5 AZR 342/97).
- **Dauer der Arbeitszeit.** Unerheblich ist ferner, ob es sich um eine vom Umfang her geringe Tätigkeit handelt. Auch bei einer sehr

31

geringen wöchentlichen Arbeitszeit kann eine abhängige Beschäftigung vorliegen.

- **Bindung an einen bestimmten Tätigkeitsort oder eine bestimmte Zeit.** Es spricht nicht gegen eine Selbständigkeit, wenn die Leistung nur an einem bestimmten Ort oder nur zu einer bestimmten Zeit erbracht werden kann. Auch hier gelten wieder die Besonderheiten der künstlerischen und publizistischen Branchen.

bb) Die sog. Scheinselbständigkeit und ihre Bedeutung: Die Regelung zur sog. Scheinselbständigkeit in § 7 Abs. 4 SGB IV hatte 1999 zunächst große Aufregung verursacht. Durch die bald darauf folgende Neuregelung ist die Bedeutung dieser Regelung mittlerweile stark relativiert.

Das „Gesetz zur Bekämpfung der Scheinselbständigkeit" hatte dem § 7 SGB IV einen neuen Abs. 4 beigefügt, der einen Kriterienkatalog zur Abgrenzung von Selbständigkeit und abhängiger Beschäftigung enthält. Nach der inzwischen revidierten Fassung wird ein abhängiges Beschäftigungsverhältnis vermutet, wenn drei der fünf aufgeführten Merkmale zutreffen.

§ 7 Abs. 4 SGB IV ändert jedoch nichts an den genannten Kriterien, nach denen die Rechtsprechung die abhängige Beschäftigung von der Selbständigkeit abgrenzt! Denn die aufgestellte Vermutungsregelung gilt nur dann, wenn Arbeitgeber und Arbeitnehmer die ihnen obliegenden Mitwirkungspflichten nach § 206 SGB V bzw. nach § 196 Abs. 1 SGB VI nicht erfüllen. Diese Normen regeln, wann sich der Betroffene beim jeweiligen Versicherungsträger melden bzw. welche Mitteilungen er erstatten muß.

Da es sich bei § 7 Abs. 4 SGB IV um eine reine Vermutungsregelung handelt, können die Betroffenen zudem jederzeit nachweisen, daß die Tätigkeit – entgegen der Vermutung – doch selbständig ausgeübt wird.

cc) Die wertende Betrachtung in jedem Einzelfall: Nicht selten kommt es vor, daß bei einem Vertragsverhältnis Merkmale sowohl für eine abhängige Beschäftigung als auch für die Selbständigkeit sprechen.

So der Fall, der einem Urteil des BSG zugrunde lag: Eine Regieassistentin schloß als freie Mitarbeiterin mit unterschiedlichen Produktionsfirmen jeweils projektbezogene Verträge. Abgerechnet wurde nach einem festen Honorar zuzüglich MWSt., ein Ausfallhonorar wurde nicht vereinbart. Ort und Zeit der Tätigkeit im Sendestudio waren vorgegeben. Nach dem Vertragstext mußte sie eine Lohnsteuerkarte vorlegen (BSG Urteil v. 28. 1. 1999, Az. B 3 KR 2/98 RNK – Lösung nachfolgend).

Bei der Abgrenzung von abhängiger Beschäftigung und Selbständigkeit darf nie schematisch vorgegangen werden. Das BSG stellt auf eine wertende Gesamtbeurteilung ab und entscheidet danach, welche Merkmale im jeweils konkreten Fall – bei wertender Betrachtung – überwiegen:

„Weist im Einzelfall eine Tätigkeit sowohl Merkmale der Abhängigkeit wie der Selbständigkeit auf, so kommt es bei der Beurteilung des Gesamtbildes darauf an, welche Merkmale überwiegen." (BSG Urteil v. 28. 1. 1999, Az. B 3 KR 2/98 RNK)

In dem obigen Fall der Regieassistentin hat das BSG auf deren eigenes unternehmerisches Risiko abgestellt: Da jeweils nur projektbezogene Verträge geschlossen wurden, und dies zudem mit verschiedenen Produktionsfirmen, war eine – für Arbeitsverhältnisse typische – längerfristige Eingliederung in einen fremden Betrieb nicht gegeben. Zudem konnte sie Auftragsangebote ablehnen. Das Honorar wurde nur bei tatsächlicher Erbringung der Leistung gezahlt, das Risiko einer Krankheit trug sie daher allein. Es bestand nur ein künstlerisches Weisungsrecht des Regisseurs, kein darüber hinausgehendes der jeweiligen Produktionsfirma. Die Gebundenheit an Zeit und Ort der Produktion spreche allein noch nicht für die persönliche Abhängigkeit. Das BSG hat deshalb auch die Vorlage der Lohnsteuerkarte als unbeachtlich angesehen, denn die – irrige – steuerrechtliche Einordnung durch die Vertragsparteien sei für die sozialversicherungsrechtliche Beurteilung unerheblich (BSG Urteil v. 28. 1. 1999, Az. 3 B KR 2/98 R).

c) Unterschiedliche Einordnungen im Sozialversicherungsrecht, Arbeitsrecht und Steuerrecht

Ob eine selbständige Tätigkeit oder ein Arbeitsverhältnis vorliegt, ist nicht nur für die Sozialversicherung von Bedeutung. Auch arbeitsrechtlich und steuerrechtlich hat die Unterscheidung wichtige Folgen: Das Arbeitsrecht knüpft an das Vorliegen eines Arbeitsvertrages den besonderen Schutz des Arbeitnehmers (Kündigungsschutz, gesetzlicher Urlaubsanspruch etc.). Die Steuern eines Arbeitnehmers errechnen sich anders als die eines Selbständigen (s. § 2 Nr. 3 und 4 EStG).

Es gibt aber keinen allgemeinverbindlichen Begriff des „Arbeitnehmers" bzw. der „Beschäftigung" und der „Selbständigkeit", der für alle drei Bereiche – Sozialversicherungsrecht, Arbeitsrecht und Steuerrecht – gleichermaßen und einheitlich gelten würde. Im Gegenteil: Die Sozialgerichte sind bei der Beurteilung von Arbeitsverträgen nicht an die Entscheidungen der Arbeitsgerichte oder Finanzgerichte gebunden und umgekehrt. Gleiches gilt für die Sozial- und Finanzbehörden und die Arbeitsämter. Es kann also vorkommen, daß das Finanzamt ein konkretes Vertragsverhältnis korrekt als abhängige Beschäftigung einstuft, während die KSK – rechtmäßig! – für das Sozialversicherungsrecht von einer selbständigen Tätigkeit ausgeht.

Diese unterschiedliche Behandlung mag zunächst verwirren. Sie macht aber durchaus Sinn. Arbeitsrecht, Sozialrecht und Steuerrecht verfolgen unterschiedliche Zwecke. Diese Zwecke können es rechtfertigen, eine Person arbeitsrechtlich oder steuerrechtlich anders zu behandeln als im Sozialversicherungsrecht.

In der Praxis kommt es zudem nicht selten vor, daß Auftraggeber und Auftragnehmer zwar eine freie Mitarbeit vereinbaren, der Auftraggeber dennoch wie ein Arbeitgeber die hälftigen Sozialversicherungsbeiträge zahlt. Der Grund: Er umgeht so die Risiken einer fehlerhaften sozialrechtlichen Beurteilung der Vertragsbeziehung, vermeidet Rückforderungen durch die Sozialversicherungskassen und ggf. auch strafrechtliche Konsequenzen.

Deshalb ist es im obigen Beispiel der Regieassistentin auch unerheblich, daß sie vertraglich zur Vorlage einer Lohnsteuerkarte verpflichtet war. Zwar führt der Auftraggeber bei Selbständigen keine Lohnsteuer ab. Die steuerrechtliche Behandlung des Vertragsverhältnisses hat aber keinen Einfluß auf die sozialversicherungsrechtliche Einordnung.

d) Die Folgen einer falschen Einordnung

Die fälschliche Einordnung als selbständiger Auftragnehmer kann für beide Seiten – Arbeitgeber und Arbeitnehmer – teuer werden.

Der Arbeitgeber haftet der Einzugsstelle für den Gesamtsozialversicherungsbeitrag, also neben seinem eigenen Anteil auch für den Anteil des Arbeitnehmers, § 28 e SGB IV. Diese Ansprüche der Einzugsstelle verjähren erst vier Jahre nach Ablauf des Kalenderjahres, in dem die Ansprüche entstanden sind. Also: die Sozialversicherungsbeiträge des Jahres 2000 verjähren erst mit Ablauf des 31. 12. 2004! Soweit der Arbeitgeber die Beiträge vorsätzlich einbehalten hatte, verjähren sie sogar erst nach 30 Jahren, § 25 SGB IV.

Rückgriff beim Arbeitnehmer kann der Arbeitgeber nur eingeschränkt nehmen. In der Regel kann er den Arbeitnehmeranteil an den Beiträgen nur von den nächsten drei Lohnzahlungen einbehalten, § 28 g SGB IV. Er kann also nicht auf das Privatvermögen des Arbeitnehmers zugreifen. Dies ist nur möglich, wenn der Arbeitnehmer vorsätzlich oder grob fahrlässig seine Auskunfts- und Vorlagepflichten nach § 28 o SGB IV verletzt hat.

Da der Arbeitgeber in jedem Fall auch für die Arbeitnehmeranteile haftet, trägt er faktisch das Ausfallrisiko, wenn der Arbeitnehmer seine dem Arbeitgeber geschuldeten Beiträge nicht zahlen kann.

Das vorsätzliche Vorenthalten der Arbeitnehmerbeiträge zur Sozialversicherung durch den Arbeitgeber wird außerdem mit Freiheitstrafe bis zu 5 Jahren geahnet (§ 266 a StGB).

e) Vorbeugung

Um die fälschliche Einordnung als selbständige Tätigkeit zu vermeiden, bietet sich das sog. **Anfrageverfahren** an: nach § 7 a SGB IV können die Beteiligten eines Vertragsverhältnis bei der BfA schriftlich eine Entscheidung beantragen, ob eine Beschäftigung vorliegt. Die BfA (Adresse im Anhang) ermittelt alle relevanten Umstände und entscheidet dann aufgrund einer umfassenden Gesamtwürdigung des Einzelfalles.

Soweit die Beteiligten mit einer nicht gewollten Feststellung seitens der BfA konfrontiert werden, daß ein Beschäftigungsverhältnis vorliegen soll, können sie hiergegen mit Widerspruch und Klage vorgehen.

Wird das Antragsverfahren frühzeitig unternommen – innerhalb von einem Monat nach Aufnahme der Tätigkeit –, bietet es einen finanziellen Vorteil für den Arbeitgeber: in diesem Fall beginnt die ggf. bestehende Versicherungspflicht des Arbeitnehmers erst mit der Bekanntgabe der Entscheidung – also nicht rückwirkend mit Aufnahme der Tätigkeit. Voraussetzung ist allerdings, daß der Arbeitnehmer einverstanden ist und bis zur Entscheidung eine vergleichbare soziale Absicherung bestand.

2. Die Besonderheiten bei Presse und Rundfunk

Prinzipiell können viele Aufgaben in einem Unternehmen sowohl von den eigenen Arbeitnehmern als auch von Selbständigen durchgeführt werden. Allerdings hat der Gesetzgeber einen zunehmenden Mißbrauch zu Lasten der Sozialkassen festgestellt, indem Unternehmen Aufträge an Selbständige vergeben haben und sich dadurch die Sozialabgaben sparen konnten. Faktisch waren diese Selbständigen aber keineswegs freie Mitarbeiter, sie wurden vielmehr wie Arbeitnehmer eingebunden. Diesem Mißbrauch sollte durch Gesetzesänderungen (wie der schon erwähnten Neuregelung des § 7 Abs. 4 SGB IV) entgegengetreten werden, welche die Verlagerung der Arbeit von Beschäftigten auf Selbständige eindämmen sollten.

a) Presse- und Rundfunkunternehmen schützt Artikel 5 GG

Anders stellt sich die Situation beim Rundfunk dar, also beim Radio und beim Fernsehen. Den Rundfunkunternehmen hilft Artikel 5 Abs. 1 GG, welcher die Rundfunkfreiheit besonders schützt. Danach ist es Auftrag des Rundfunks, an der öffentlichen Meinungsbildung mitzuwirken. Er ist deshalb frei von jeder fremden Einflußnahme auf Auswahl, Inhalt und Ausgestaltung der Programme. **Und zu dieser Freiheit gehört auch eine besondere Flexibilität bei der Auswahl, Einstellung und Beschäftigung von Mitarbeitern** (BVerfG Urteil v. 13. 1. 1982, Az. 1 BvR 848/77 u. a.).

Rundfunksender können deshalb selbst entscheiden, ob sie einen Arbeitnehmer einstellen oder den Auftrag an einen freien Mitarbeiter vergeben.

Die besondere Autonomie der Rundfunksender gilt aber nur für die sog. „**programmgestaltenden Mitarbeiter**". Diese wirken an der Gestaltung der Sendungen inhaltlich mit, weil sie

„(. . .) typischerweise ihre eigenen Auffassungen zu politischen, wirtschaftlichen, künstlerischen oder anderen Sachfragen, ihre Fachkenntnisse und Informationen, ihre individuelle künstlerische Befähigung und Aussagekraft in die Sendungen einbringen, wie dies etwa bei Regisseuren, Moderatoren, Kommentatoren, Wissenschaftlern und Künstlern der Fall ist". (BVerfG v. 13. 1. 1982, Az. 1 BvR 848/77)

Durch diesen inhaltlichen Einfluß unterscheiden sich die programmgestaltenden Mitarbeiter von anderen Mitarbeitern aus Technik und Verwaltung, etwa Kameraassistenten oder Sprechern. Für sie gelten die besonderen Freiheiten der Rundfunksender nicht, ihnen steht der Schutz des Arbeitsrechts ohne Einschränkung zur Seite.

Für die Frage der Abgrenzung zwischen Selbständigkeit und abhängiger Beschäftigung heißt dies: bei der Abwägung der Interessen sind die Belange der Rundfunksender wegen Artikel 5 GG besonders zu berücksichtigen. Der Anteil an Selbständigen ist im Rundfunk- und Medienbereich deshalb wesentlich höher als in anderen Branchen.

Diese Besonderheiten berücksichtigt auch das BSG in seiner Rechtsprechung. In einem Urteil über die Selbständigkeit einer Regieassistentin beim Fernsehen heißt es:

„Die programmgestaltenden Mitarbeiter, zu denen die Klägerin wegen ihres Einflusses auf den Inhalt der jeweiligen Produktion zu zählen wäre, stehen nur dann in einem Arbeitsverhältnis zur Sendeanstalt, wenn diese innerhalb eines bestimmten zeitlichen Rahmens über die Arbeitsleistung verfügen kann. Dies ist anzunehmen, wenn ständige Dienstbereitschaft erwartet wird oder der Mitarbeiter in nicht unerheblichem Umfang ohne Abschluß entsprechender Vereinbarungen zur Arbeit herangezogen werden kann, etwa wenn die Rundfunk- bzw. Fernsehanstalt einseitig, ohne

Mitwirkung des Mitarbeiters, Dienstpläne aufstellt." (BSG Urteil v. 28. 1. 1999, Az. B 3 KR 2/98 R)

Nach der Rechtsprechung des BSG stehen programmgestaltende Mitarbeiter beim Rundfunk in einem abhängigen Beschäftigungsverhältnis nur dann, wenn
- das Unternehmen über bestimmte Arbeitszeiten verfügen kann,
- ständige Dienstbereitschaft erwartet wird oder
- das Unternehmen einseitig und ohne Mitwirkung des Betroffenen Dienstpläne aufstellt.

---

b) Die Rechtslage bei Pauschalisten und festen Freien

Problematisch wird die Abgrenzung zwischen selbständigen Mitarbeitern und abhängig Beschäftigten bei Rundfunk und Presse insbesondere bei den **Pauschalisten** und den **festen freien Mitarbeitern**. Die Spitzenverbände der Krankenkassen haben einen Abgrenzungskatalog für den künstlerischen und publizistischen Bereich erstellt (vom 30. Mai 2000). Für den Bereich Hörfunk, Fernsehen sowie Film- und Fernsehproduktion wird darin zwischen den programmgestaltenden und den nicht-programmgestaltenden Mitarbeitern (s. o.) unterschieden:

- Schauspieler, Kameraleute etc. und nicht-programmgestaltende Mitarbeiter, die in der Regel aufgrund von Honorarverträgen tätig sind und im allgemeinen als freie Mitarbeiter bezeichnet werden, sind grundsätzlich als **abhängig Beschäftigte** zu sehen;
- bei der Tätigkeit der programmgestaltenden Mitarbeiter ist zwischen einem vorbereitenden Teil, einem journalistisch-schöpferischen Teil bzw. künstlerischem Teil und dem technischen Teil zu unterscheiden: Nur wenn die gestalterische Freiheit überwiegt und der Schwerpunkt auf dem schöpferischen Teil liegt, ist eine **selbständige Tätigkeit** anzunehmen.

Für die **Verwaltungspraxis der KSK** sind regelmäßig drei Faktoren maßgeblich, die für eine abhängige Beschäftigung sprechen:

- Handhabung durch den Sender bzw. Verlag: soweit der Arbeitgeber den Betroffenen als Beschäftigten behandelt und auch Sozialabgaben abführt, wird diese Einschätzung von der KSK in der Regel übernommen;

- Festgehalt (insbesondere im Print-Bereich): wenn der Arbeitgeber ein Festgehalt zahlt, spricht dies nach Einschätzung der KSK regelmäßig gegen das vom BSG bei Selbständigen geforderte eigene unternehmerische Risiko;
- Zugriffsmöglichkeit auf Arbeitszeit: wenn der Arbeitgeber einseitig über die Arbeitszeit des Betroffenen bestimmen kann, spricht auch dies in der Regel gegen die Selbständigkeit. Die KSK orientiert sich auch hier an der Rechtsprechung des BSG, z. B. über die Aufstellung von Dienstplänen (s. o.). Gleiches gilt, wenn jede Nebentätigkeit unter einem Genehmigungsvorbehalt steht.

Auch diese Übersicht kann nur generalisieren. Aufgrund der vielen Fallgestaltungen in der Praxis kann in einzelnen Fällen entgegen der Regel eine Selbständigkeit zu bejahen sein. Die KSK untersucht daher in jedem relevanten Einzelfall anhand eines besonderen Fragebogens die konkreten Umstände (Hinweise zu diesem Fragebogen unter 5. auf Seite 43).

3. Wenn mehrere Berufe gleichzeitig ausgeübt werden

Nicht alle künstlerisch Tätigen leben ausschließlich von ihrer Kunst. Gerade im Bereich Musik sind viele Künstler nur nebenberuflich engagiert und gehen im Haupterwerb einer nicht-künstlerischen Tätigkeit nach.

a) Allgemeine Rechtslage

Auch in diesen Fällen mehrerer paralleler Tätigkeiten wird aber jede für sich als abhängig oder als selbständig beurteilt. Es kann also neben der selbständigen künstlerischen Tätigkeit eine andere selbständige Tätigkeit ausgeübt oder zusätzlich einer abhängigen Beschäftigung nachgegangen werden.

> **Beispiel:** Ein freier Fernsehjournalist ist zugleich als Rechtsanwalt zugelassen.

Unerheblich ist, wie hoch das aus dieser weiteren Tätigkeit erzielte Einkommen ist. Nach der alten Regelung des § 3 KSVG mußten die Einkünfte aus der künstlerischen oder publizistischen Tätigkeit mindestens ⅙ am Gesamteinkommen ausmachen, damit die Versicherungspflicht nach dem KSVG eintrat. Diese Regelung wurde mit dem 2. Gesetz zur Änderung des KSVG abgeschafft.

Dies gilt auch gegenüber ein und demselben Unternehmen (sog. „**gemischte Tätigkeit**").

b) Rundfunk, Film- und Fernsehproduktion

Eine Modifikation für gemischte Tätigkeiten ergibt sich jedoch durch den oben bereits erwähnten Abgrenzungskatalog der Spitzenverbände der Krankenkassen vom 30. Mai 2000. Danach sind gemischte Tätigkeiten in den Bereichen **Hörfunk, Fernsehen, Film- und Fernsehproduktion** immer **einheitlich** zu bewerten.

Wird ein Mitarbeiter hier als gegenüber seinem Auftrag- und Arbeitgeber sowohl als Selbständiger als auch als Beschäftigter tätig, so ist – für das Sozialversicherungsrecht – die gesamte Tätigkeit einheitlich entweder als abhängig oder als selbständig einzuordnen. Maßgebliches Kriterium bildet der Schwerpunkt der Tätigkeiten. Als Kriterium zur Einordnung nennt das Rundschreiben auch die Höhe des aufgeteilten Honorars.

4. Wenn mehrere Künstler oder Publizisten ihren Beruf gemeinschaftlich ausüben

Häufig arbeiten die in den Kunst- und Kreativbranchen Schaffenden nicht als Einzelkämpfer, sondern mit anderen ihres Fachs zusammen. Es gibt die unterschiedlichsten Ausprägungen, Personengesellschaften (z. B. die Gesellschaft bürgerlichen Rechts – GbR) oder die rechtlich verselbständigten Kapitalgesellschaften, z. B. die GmbH.

Hier kann sich die Frage stellen, ob die einzelnen Mitglieder der Gesellschaft im sozialversicherungsrechtlichen Sinne selbständig sind oder abhängig beschäftigt. Problematisch wird dies regelmäßig aber nur beim Geschäftsführer einer GmbH.

Die folgenden Erörterungen sollen sich auf die Gesellschaftsformen beschränken, die im Kreativbereich am häufigsten auftauchen, das sind als Personengesellschaften die GbR und die Partnerschaft und als Kapitalgesellschaft die GmbH. Da Kreative als Freiberufler regelmäßig kein Handelsgewerbe betreiben, entfallen die oHG und die KG.

a) Personengesellschaften

Übliche Formen einer Personengesellschaft sind im Kreativsektor die GbR und die Partnerschaft. Die Partnerschaft ist eine relativ neue Form, die speziell und ausschließlich für die freien Berufe geschaffen wurde, also etwa Anwälte, Steuerberater, Journalisten oder Künstler, welche diesen Beruf gemeinsam ausüben wollen. Ihr Vorteil liegt insbesondere in der Möglichkeit der Haftungsbeschränkung auf das Gesellschaftsvermögen (ähnlich der GmbH). Den Zusatz „und Partner" dürfen nur eingetragene Partnerschaften im Namen führen, um für Kunden (d. h. Gläubiger) diese Haftungsbeschränkung kenntlich zu machen.

Die Personengesellschaften sind, anders als die Kapitalgesellschaften, keine juristischen Personen. Sie sind also nicht rechtlich verselbständigt. Grundsätzlich schließen die Kunden daher Verträge nicht mit der Gesellschaft, sondern mit allen Gesellschaftern. Anderes gilt für die Partnerschaft. Sie kann unter eigenem Namen Rechte und Pflichten begründen (§ 7 Abs. 2 PartGG), also auch unter eigenem Namen Mietverträge oder Arbeitsverträge mit Mitarbeitern schließen.

GbR und Partnerschaft unterscheiden sich hauptsächlich dadurch, daß in der GbR die Gesellschafter mit ihrem Privatvermögen unbegrenzt haften, während in der Partnerschaft ebendiese Haftung regelmäßig auf das Gesellschaftsvermögen beschränkt ist.

Die Gesellschafter einer GbR oder einer Partnerschaft sind keine Beschäftigen der Gesellschaft. Sie können freilich mit den Gesellschaftern oder der Partnerschaft einen eigenen Arbeitsvertrag (Beschäftigung) oder Dienstleistungsvertrag (freie Mitarbeit) schließen. Eine Beschäftigung ergibt sich aber nicht schon aus der Gesellschafterstellung selbst.

> Gehen Gesellschafter einer GbR oder einer Partnerschaft damit keiner anderweitigen abhängigen Beschäftigung nach, sind sie in der Regel selbständig tätig.

b) Kapitalgesellschaften

Die im Kreativbereich am häufigsten vorkommende Form der Kapitalgesellschaft ist die GmbH. Sie ist eine juristische Person und damit Träger eigener Rechte und Pflichten. Den Gläubigern haftet allein das Gesellschaftskapital, nicht das Privatvermögen der Gesellschafter.

Die GmbH hat zwei Organe: die Gesellschafter und den (oder die) Geschäftsführer. Der Geschäftsführer vertritt die GmbH nach außen (Vertretung) und nach innen (Geschäftsführung).

Die **Gesellschafter** sind als Gesellschaftsorgan keine Angestellten der GmbH. Dies gilt sowohl für das Arbeits- wie für das Sozialversicherungsrecht. Zwar können sie mit der GmbH einen gesonderten Arbeitsvertrag schließen. Dies wären aber eine zusätzliche Vereinbarung, die sich nicht per se aus der Gesellschafterstellung ergibt.

Komplizierter ist die Rechtslage beim **Geschäftsführer**.

Arbeitsrechtlich ist allgemein anerkannt, daß in der Regel der Geschäftsführer einer GmbH als deren Organ kein Arbeitnehmer ist. Für das Sozialversicherungsrecht wird anders argumentiert. Geschäftsführer einer GmbH sind zwar in der Regel keine Arbeitnehmer, sie können aber gleichwohl im sozialversicherungsrechtlichen Sinne persönlich abhängig und damit Beschäftigte sein.

Nach der Rechtsprechung des BSG ist maßgebliches Kriterium auch hier die persönliche Abhängigkeit. Zur Beurteilung der persönlichen Abhängigkeit wird auch auf die Regelungen über feste Monatsbezüge, Urlaub Dienstfahrzeug, Altersvorsorge etc. abgestellt, insbesondere aber auf die Bindung an das willensbildende Organ der GmbH (idR Gesellschafterversammlung). Auch hier also kommt es auf die Weisungsunterworfenheit oder -freiheit des Geschäftsführers an:

Keine Weisungsunterworfenheit und damit keine Beschäftigung liegt vor, wenn der Geschäftsführer als Gesellschafter mehr als 50 % am Stammkapital hält. Dies gilt auch, wenn die Kapitalbeteiligung für eine Sperrminorität genügt und dadurch Weisungen der Gesellschaft verhindert werden können.

Liegt die Beteiligung des Geschäftsführers unter diesen Grenzen, kommt es darauf an, ob er hinsichtlich Ort, Zeit und Dauer seiner Tätigkeit im wesentlichen weisungsfrei ist und die Tätigkeit für die GmbH als eigenes, nicht als fremdes Unternehmen ausübt.

Bei Geschäftsführern ohne Kapitalbeteiligung (sog. Fremdgeschäftsführer) liegt regelmäßig eine abhängige Beschäftigung vor.

Anderes kann aber gelten, wenn der Fremdgeschäftsführer in der Gesellschaft aufgrund seiner Erfahrung und seiner Branchenkenntnisse „schalten und walten" kann, wie er möchte.

5. Der „Fragebogen zur Beurteilung der Sozialversicherungspflicht"

Für Zweifelsfälle hält die KSK einen Fragebogen bereit, um eine Entscheidung über die Selbständigkeit herführen zu können. Anhand der Angaben in diesem Fragebogen kann die KSK eine umfassende Gesamtabwägung aller Umstände des konkreten Vertragsverhältnisse vornehmen.

> Für jeden Auftraggeber ist ein gesondertes Formular auszufüllen!

a) Angaben zur Person und zum Auftraggeber (Nr. 1 und 2)

Hier geben Sie die persönlichen Daten wie Name, Anschrift, ggf. Krankenkasse und Rentenversicherungsträger an sowie Namen etc. des Auftraggebers.

b) Angaben zur Tätigkeit und Vergütung (Nr. 3 bis 5)

Die Stichworte des BSG zur Abgrenzung von selbständiger Tätigkeit und abhängiger Beschäftigung sind unternehmerisches Risiko und persönliche Abhängigkeit. Nur wer unternehmerisches Risiko trägt und nicht persönlich vom Auftraggeber abhängig ist, handelt selbständig.

Die Fragen der Teile 3 bis 5 dienen dieser Abgrenzung. Dabei sind die Fragen 3.1 bis 3.13 insbesondere Gradmesser für das **eigene unternehmerische Risiko**. Ein solches zeigt sich etwa bei dem Einsatz eigenen Kapitals, der selbstfinanzierten Anmietung eigener Geschäftsräume und der Gründung einer Gesellschaft mit anderen zusammen.

Andererseits spricht die Möglichkeit, Aufträge abzulehnen (Frage 3.11), nicht notwendig für ein unternehmerisches Risiko, da die Dauer der Vertragsbeziehung für die Unterscheidung nicht erheblich ist.

Die Form der **Vergütung** (Frage 4.1) ist für sich genommen unerheblich. Für eine Selbständigkeit spricht es allerdings zunächst, wenn sich die Vergütung allein am Erfolg orientiert, im Krankheitsfalle nicht gezahlt wird (Frage 4.3) und kein Urlaubsanspruch besteht (Frage 4.4).

Von entscheidender Bedeutung ist der Grad der **persönlichen Abhängigkeit** vom Auftraggeber in der tatsächlichen Durchführung des Vertragsverhältnisses. Nach der Rechtsprechung des BSG kommt es hier auf die Eingliederung in einen fremdem Betrieb an.

Wichtigstes Kriterium ist hier die Beteiligung an der **Dienstplanerstellung** (Fragen 5.4 und 5.5). Wer an der Aufstellung von Dienstplänen nicht beteiligt ist und so einem einseitigen Weisungsrecht hinsichtlich der Arbeitszeit unterliegt, wird nach der Rechtsprechung des BSG kaum als Selbständiger gelten können. Andererseits sprechen feste Arbeitszeiten (Frage 5.2) dann nicht gegen eine Selbständigkeit, wenn sie frei ausgehandelt wurden und kein einseitiges Direktionsrecht des Auftraggebers besteht.

Gleiches gilt für die Wahl des **Arbeitsortes** (Frage 5.9). Nur wenn der Arbeitsort nach Vertragsschluß vom Auftraggeber einseitig geändert werden kann, kann sich dies als Indiz für eine abhängige Beschäftigung erweisen. Das gilt allerdings dann nicht, wenn sich der unvorhergesehene Wechsel des Ortes aus der Natur der Sache ergibt (Bsp.: Dreharbeiten).

Für sich genommen unerheblich ist auch, ob die Arbeiten in **eigenen Betriebsräumen** oder in denen des Auftraggebers durchgeführt werden (Frage 5.7). Gleiches gilt für den Einsatz bestimmter oder fremder Arbeitsmittel (Fragen 5.16 bis 5.18).

Bedeutsam sind **Weisungen des Auftraggebers** über Art und Weise der Ausführung von Tätigkeiten (Frage 5.10). Im allgemeinen spricht ein Weisungsrecht hier für eine abhängige Beschäftigung. Ist nur das Ziel der Tätigkeit vorgegeben, nicht aber der Weg der Umsetzung, deutet dies auf die Selbständigkeit. All dies relativiert sich bei höherqualifizierten Tätigkeiten – und dies sind künstlerische und publizistische nicht selten –, da hier fachliche Weisungen nicht oder nur eingeschränkt möglich sind.

Eines der Indizien, nach denen gem. § 7 Abs. 4 SGB IV eine abhängige Beschäftigung vermutet wird, ist die parallele Durchführung derselben Tätigkeit **sowohl durch Arbeitnehmer als auch durch freie Mitarbeiter** im gleichen Betrieb (Frage 5.11). Andererseits sind durch Artikel 5 GG Rundfunkanstalten in der Wahl der Ausführungsformen besonders geschützt (siehe oben Seite 36). Sie können daher in weitaus größerem Umfang Arbeitnehmer und freie Mitarbeiter parallel beschäftigen.

Die Pflicht zur **persönlichen Leistungserbringung** (Fragen 5.13 und 5.14) ist für sich genommen ebenfalls ohne zwingenden Aussagewert. Denn gerade höherqualifizierte Tätigkeiten werden vom Auftraggeber häufig an die jeweilige Person des Auftragnehmers gebunden, ohne daß durch die fehlende Delegationsmöglichkeit dessen Selbständigkeit in Frage gestellt wäre.

III. Dritte Voraussetzung: Erwerbsmäßige und nicht nur vorübergehende Tätigkeit

Der Schutz durch das KSVG soll nur solchen selbständigen Künstlern und Publizisten zukommen, die mit ihrem Schaffen auch ihren Lebensunterhalt bestreiten wollen. Deshalb werden solche Personen ausgeschlossen, die Kunst nur aus „Liebhaberei" oder zumindest nicht dauerhaft betreiben.

Im Vergleich zu den rechtlich schwierigen Fragen, wer „Künstler" und „Publizist" ist und wie abhängige Beschäftigung von Selbständigkeit abgegrenzt werden, läßt sich das Vorliegen dieser Voraussetzung sehr leicht ermitteln.

1. Erwerbsabsicht

Über die KSK wird nur versichert, wer erwerbsmäßig (berufsmäßig) handelt. Erwerbsmäßig ist eine Tätigkeit, wenn sie nachhaltig und dauerhaft angelegt ist, um Einnahmen zu erzielen. Die Tätigkeit muß also dem Broterwerb dienen. Dabei ist unerheblich, ob durch die Tätigkeit auch Gewinne erzielt werden sollen.

Es kommt auch nicht darauf an, ob die künstlerische oder publizistische Tätigkeit den Hauptberuf bildet oder nur neben- oder teilberuflich ausgeübt wird.

2. Nicht nur vorübergehende Tätigkeit

Die KSK wird die Versicherungspflicht nach dem KSVG ferner nur bejahen, wenn die künstlerische bzw. publizistische Tätigkeit nicht nur vorübergehend ausgeübt wird (§ 1 Nr. 1 KSVG). Was unter „nicht nur vorübergehend" zu verstehen ist, wird durch Rückgriff auf § 8 Abs. 1 Nr. 2 SGB IV ermittelt. Diese Norm regelt, wer „geringfügig beschäftigt" ist.

Der Gedankengang: Wenn geringfügige Beschäftigung im Sinne des § 8 Abs. 1 Nr. 2 SGB IV als „nur vorübergehend" verstanden wird, dann ist alles das, was nicht geringfügig ist, auch nicht nur vorübergehend. Geringfügig nach § 8 Abs. 1 Nr. 2 SGB IV ist eine Beschäftigung, die auf zwei Monate begrenzt ist.

Danach liegt also eine nicht nur vorübergehende künstlerische bzw. publizistische Tätigkeit vor, wenn sie **länger als zwei Monate** dauert.

IV. Vierte Voraussetzung: keine arbeitgeberähnliche Stellung

Der Gesetzgeber wollte den Schutz des KSVG auf diejenigen Künstler und Publizisten beschränken, die wirtschaftlich besonders schutzwürdig sind, die insbesondere mit geringen und schwankenden Einkommen kämpfen. Er hat deshalb solche Künstler und Publizisten vom Anwendungsbereich des KSVG ausgenommen, die ihrerseits im Zusammenhang mit ihrer Tätigkeit zwei oder mehr Arbeitnehmer beschäftigen (§ 1 Nr. 2 KSVG). Denn dann gleicht ihre Stellung eher der eines Arbeitgebers denn der eines Arbeitnehmers. Da Arbeitgeber die mit einem Dritten vereinbarten Leistungen regelmäßig nicht selbst erbringen, sondern die Arbeit anderer für sich nutzen, werden sie nicht als schutzbedürftig im Sinne des KSVG angesehen.

1. Der Grundsatz: Der Versicherte darf nur einen Arbeitnehmer beschäftigen

Der Versicherungspflicht nach dem KSVG unterliegt nicht, wer **im Zusammenhang mit der künstlerischen oder publizistischen Tätigkeit** mehr als einen Arbeitnehmer beschäftigt, § 1 Nr. 2 KSVG.

a) Beschäftigung durch Künstler als Einzelunternehmer

Ob der Künstler oder Publizist auf die Arbeitskräfte zwingend angewiesen ist oder nicht, ist für die Beurteilung der Versicherungspflicht unerheblich. Daher macht es keinen Unterschied, ob er mehr als einen Arbeitnehmer etwa aus reiner Bequemlichkeit beschäftigt, oder weil dies – etwa aufgrund einer körperlichen Behinderung – für ihn zwingend notwendig ist und er andernfalls die künstlerische bzw. publizistische Tätigkeit gar nicht ausüben könnte.

Unerheblich ist auch, ob es sich um eine Vollzeit- oder Teilzeitstelle handelt. Soweit die Schwelle der geringfügigen Beschäftigung nach § 8 Abs. 1 SGB IV überschritten ist (s. unten 2.), kommt es auf den Umfang der Beschäftigung oder der Entlohnung nicht mehr an.

Entscheidende Frage ist, ob Arbeitnehmer **im Zusammenhang mit der künstlerischen oder publizistischen Tätigkeit** beschäftigt werden. Ein solcher Zusammenhang liegt einerseits vor, wenn die Arbeitnehmer ihrerseits künstlerisch oder publizistisch arbeiten. Dies ist aber keine Voraussetzung! Es genügt vielmehr schon jede Hilfstätigkeit zu einer künstlerischen oder publizistischen Tätigkeit, auch organisatorischer oder sonstiger Art. Beschäftigt ein Maler eine Reinigungskraft für sein Atelier, so steht diese Beschäftigung in Zusammenhang mit der künstlerischen Tätigkeit.

Ein solcher Zusammenhang ist aber nicht gegeben, wenn die Beschäftigung allein für den privaten Bereich erfolgt.

Beispiel 1: Ein freier Schriftsteller beschäftigt eine Sekretärin für seine berufliche Tätigkeit. Für sein Privathaus beschäftigt er außerdem eine Reinigungskraft. Da er in Zusammenhang mit seiner publizistischen Tätigkeit nur die Sekretärin und damit nicht mehr als zwei Arbeitnehmer beschäftigt, bleibt die Versicherungspflicht nach dem KSVG bestehen.

Beispiel 2: Ein Grafik-Designer beschäftigt eine Angestellte, um seine Entwürfe umsetzen zu lassen, und eine Sekretärin. Er beschäftigt also zwei Personen in Zusammenhang mit seiner künstlerischen Tätigkeit und unterliegt daher wegen § 1 Nr. 2 KSVG nicht der Versicherungspflicht.

---

b) Beschäftigung durch Personen- und Kapitalgesellschaften

Bei Personen- und Kapitalgesellschaften stellt sich die Frage, wie sich die Anstellung von Arbeitnehmern hinsichtlich der Voraussetzung des § 1 Nr. Nr. 2 KSVG auswirkt.

> **Beispiel:** Eine aus vier Musikern bestehende Musiker-GbR stellt einen Fahrer und eine Sekretärin ein.

Bei einer **Personengesellschaft** schließen alle Gesellschafter einen Arbeitsvertrag mit dem jeweiligen Arbeitnehmer. Vertragspartner und damit Arbeitgeber ist damit jeder einzelne Gesellschafter, nicht etwa die GbR! Rein rechtlich ist daher in dem obigen Beispiel jeder der Musiker Arbeitgeber von zwei Arbeitnehmern. Damit träfe jeden der Musiker der Ausschlußgrund des § 1 Nr. 2 KSVG, eine Versicherungspflicht bestünde nicht.

Diese rein formale Auslegung des Rechts wird den Anforderungen der Praxis und dem Schutzzweck des KSVG nicht gerecht. Die KSK überprüft daher in jedem Einzelfall, ob bei der Anstellung von mehr als einem Arbeitnehmer durch die Gesellschafter einer GbR die Schutzbedürftigkeit des KSVG gegeben ist. Dabei wird die Schutzbedürftigkeit häufig dann überwiegen, wenn die Zahl der Arbeitnehmer die Zahl der Gesellschafter nicht übersteigt.

> In dem obigen **Beispiel** der Musiker-GbR entfallen auf vier Musiker zwei Beschäftigte. Die KSK wird daher die Versicherungspflicht der Musiker bejahen, soweit die anderen Voraussetzungen erfüllt sind.

Die bisherige Praxis der KSK bei **Kapitalgesellschaften** wurde – dank Guildo Horn – durch ein Urteil des BSG vom März 2001 in Gänze zunichte gemacht (Urteil vom 13. 3. 2001, Az. B 3 KR 12/00). Bei Kapitalgesellschaften ist juristisch gesehen die Gesellschaft als juristische Person Arbeitgebrin, nicht aber die einzelnen Gesellschafter oder der (bzw. die) Geschäftsführer.

Die KSK hatte bis dahin die Arbeitnehmer einer GmbH deren Geschäftsführer zugerechnet. Wer also künstlerischer Geschäftsführer einer GmbH mit zwei oder mehr Arbeitnehmern war, wurde von der KSK nicht versichert. So auch Guildo Horn, der gegen diese Verwaltungspraxis vor Gericht zog.

Nach dem Urteil des BSG dürfen die Arbeitnehmer jedoch nicht mehr dem Geschäftsführer zugerechnet werden. Die Richter kamen zu der Auffassung, daß die rechtliche statthafte Errichtung und Zwischenschaltung einer GmbH und damit einer eigenständigen juristischen Person nicht außer acht gelassen werden dürfe. Auch eine fehlende soziale Schutzbefürftigkeit ließe sich nach dem Urteil der Richter nicht allein aus der Tätigkeit als GmbH-Geschäftsführer herleiten.

3. Die Ausnahme: Beschäftigung Auszubildender oder geringfügig Beschäftigter

Auszubildende und geringfügig Beschäftigte gelten nicht als Arbeitnehmer im Sinne des § 1 Nr. 2 KSVG. Sie werden also nicht mitgerechnet, wenn es um die Ermittlung einer arbeitgeberähnlichen Stellung des Künstlers bzw. Publizisten geht. Sinn dieser Ausnahme ist es, diese Beschäftigungsverhältnisse – gerade wenn sie der Ausbildung dienen – nicht zu gefährden.

Auszubildende und geringfügig Beschäftigte werden unabhängig von ihrer Anzahl nicht mitgerechnet. Ein Künstler bzw. Publizist kann also mehrere Auszubildende und geringfügig Beschäftigte einstellen, ohne der Versicherungspflicht verlustig zu gehen.

> **Beispiel:** Ein Grafik-Designer beschäftigt eine Vollzeit-Angestellte. Daneben bildet er zwei Azubis aus und hat eine Reinigungskraft für den Betrieb, die aber nur geringfügig beschäftigt ist (§ 8 Abs. 1 SGB IV). Da Auszubildende und geringfügig Beschäftigte nicht als Arbeitnehmer zählen, beschäftigt er im Sinne des § 1 Nr. 2 KSVG nur eine Person. Dies ist zulässig, die Versicherungspflicht nach dem KSVG bleibt daher bestehen.

a) Auszubildende

Auszubildender ist, wer von einem Ausbildenden zur Berufsausbildung eingestellt wird (§ 3 Abs. 1 BBiG), wer also in einem Betrieb im Rahmen einer geregelten Ausbildung die Fertigkeiten und Kenntnisse eines Berufes erlernt. Keine Auszubildenden sind Praktikanten und Volontäre.

Ausbilden kann jeder, der die persönliche und regelmäßig auch die fachliche Eignung besitzt, § 20 BBiG.

Die nähere Ausgestaltung der Ausbildung erfolgt in Ausbildungsordnungen, in denen Dauer und Umfang der Ausbildung sowie Prüfungsanforderungen festgelegt werden.

b) Geringfügig Beschäftigte

Nach § 8 Abs. 1 SGB IV liegt eine geringfügige Beschäftigung in zwei Fällen vor:

(1) bei einer regelmäßigen Beschäftigung, deren monatliches Entgelt regelmäßig nicht 325,– € übersteigt und deren wöchentliche Arbeitszeit unter 15 Stunden liegt („Entgeltgeringfügigkeit", ehemals sog. 630-Mark-Jobs), oder

(2) bei einer nur gelegentlichen Beschäftigung, deren Dauer in einem Jahr nach Beginn höchstens 2 Monate oder 50 Tage beträgt, soweit nicht die Beschäftigung berufsmäßig ausgeübt wird und das Entgelt dabei 325,– € übersteigt (sog. kurzfristige Beschäftigung).

aa) Entgeltgeringfügigkeit: Bei der sog. Entgeltgeringfügigkeit nach § 8 Abs. 1 Nr. 1 SGB IV dürfen die wöchentliche Arbeitszeit und das monatliche Entgelt bestimmte Grenzen nicht überschreiten.

Zunächst muß es sich um eine **regelmäßige Tätigkeit** handeln. Das ist nach dem BSG dann der Fall, wenn sie von den Vertragspartnern auf ständige Wiederholung ausgerichtet ist. Ein nur gelegentlich auszuführender Job fällt daher nicht unter die Entgeltgeringfügigkeit, möglicherweise aber unter die Zeitgeringfügigkeit nach § 8 Abs. 1 Nr. 2 SGB IV (dazu s. unten).

Die regelmäßige **Arbeitszeit** muß weniger als 15 Stunden pro Woche betragen. Eine gelegentliche Überschreitung der Arbeitszeit schadet nicht. Soweit die wöchentliche Arbeitszeit schwankt und sich erst aus dem jeweiligen Bedarf ergibt, muß die durchschnittliche Arbeitszeit für 2 Monate im voraus geschätzt werden.

Achtung: Die wöchentliche Arbeitszeit muß unter 15 Stunden in der Woche liegen, wenn die Grenze des § 8 Abs. 1 Nr. 1 SGB IV eingehalten werden soll. Werden in einem Vertrag also genau 15 Stunden pro Woche vereinbart, ist die Beschäftigung nicht mehr geringfügig!

Das regelmäßige **monatliche Entgelt** darf 325,– € nicht übersteigen. Auch hier schadet ein gelegentliches Überschreiten nicht, wobei als gelegentlich ein Überschreiten in zwei von zwölf Monaten nach Beginn der Tätigkeit gelten kann. Zum Entgelt gehören auch sicher zu erwartende Einmalzahlungen wie etwa Weihnachtsgeld. Solche Einmalzahlungen sind rechnerisch auf 12 Monate zu verteilen. Bei dem Entgelt im Sinne des § 8 SGB IV handelt es sich um den Bruttolohn. Die 325-Euro-Grenze gilt also vor Abzug der Arbeitnehmeranteile an den Sozialversicherungen und der ggf. zu zahlenden Steuer.

bb) Kurzfristige Beschäftigung: Während § 8 Abs. 1 Nr. 1 SGB IV mit den 630-Mark-Jobs die regelmäßige geringfügige Beschäftigung regelt, trifft § 8 Abs. 1 Nr. 2 SGB IV Bestimmungen für eine nur **gelegentliche** geringfügige Beschäftigung (sog. Zeitgeringfügigkeit).

Diese Zeitgeringfügigkeit liegt vor, wenn die Tätigkeit nur gelegentlich ausgeübt wird und die Dauer der Beschäftigung 2 Monate oder 50 Tage nicht übersteigt. Die Höhe der Entgelte spielt hier keine Rolle.

Es muß sich um eine nur gelegentliche Tätigkeit handeln. Die Beschäftigung darf also nicht auf stete Wiederholung ausgerichtet sein. Andernfalls greifen die Voraussetzungen der oben unter aa) erläuterten entgeltgeringfügigen Beschäftigung nach § 8 Abs. 1 Nr. 1 SGB IV.

Die **Arbeitszeit** darf in 12 Monaten nach Beginn der Tätigkeit 2 Monate oder 50 Tage nicht überschreiten. Die 2-Monats-Regelung greift dann, wenn die Beschäftigung „arbeitstäglich" erfolgt, also an mindestens 5 Tagen in der Woche ausgeübt wird. In diesem Fall ist die Gesamtzahl der Arbeitstage unerheblich. Die 50-Tages-Regelung gilt dann, wenn keine arbeitstägliche Beschäftigung vereinbart wurde, sondern nur an einem bis zu vier Tagen in der Woche gearbeitet wird. In diesem Fall darf in 12 Monaten ab Beginn der Tätigkeit nur an maximal 50 Tagen gearbeitet werden.

Die Zeitgeringfügigkeit gilt aber nur, wenn die Beschäftigung **nicht berufsmäßig** ausgeübt wird und dabei das monatliche Entgelt 325,– € übersteigt. Nach der Rechtsprechung des BSG wird eine Tätigkeit dann berufsmäßig ausgeübt, wenn der Betreffende durch sie seinen Lebensunterhalt überwiegend oder doch in solchem Umfang erwirbt, daß seine wirtschaftliche Stellung zu einem erheblichen Teil auf der Beschäftigung beruht.

Dies ist eine wichtige Einschränkung, denn sie beläßt die Möglichkeit einer geringfügigen Beschäftigung nach § 8 Abs. 1 Nr. 2 SGB IV weitgehend nur für Personen, die wirtschaftlich selbst oder aber von dritter Seite abgesichert sind, wie etwa Studenten, Rentner oder Hausfrauen bzw. -männer. Im Falle der berufsmäßigen Ausübung der Tätigkeit kommt die sog. unständige Beschäftigung in Betracht, die eine versicherungspflichtige, abhängige Beschäftigung darstellt.

Teil 3

Versicherungsfreiheit

Grundsätzlich besteht die Versicherungspflicht nach dem KSVG in der gesetzlichen Renten-, Kranken- und der sozialen Pflegeversicherung. Das KSVG kennt aber auch Ausnahmen von der Versicherungspflicht.

Bei Vorliegen bestimmter Voraussetzungen besteht kraft Gesetzes Freiheit von der Versicherungspflicht in einem oder mehreren Versicherungszweigen. So tritt beim Unterschreiten eines bestimmten Mindesteinkommens (derzeit 3 900,– €) Versicherungsfreiheit sowohl in der gesetzlichen Renten- und Krankenversicherung als auch in der sozialen Pflegeversicherung ein, § 3 KSVG (unten I.).

Es kann aber auch gem. § 4 KSVG Versicherungsfreiheit allein in der gesetzlichen Rentenversicherung (unten II.) und nach § 5 KSVG allein in der gesetzlichen Kranken- und der sozialen Pflegeversicherung (unten III.) eintreten.

Versicherungsfreiheit in der	Paragraph	Fälle
Renten-, Kranken- und Pflegeversicherung	§ 3 KSVG	geringes Einkommen
Rentenversicherung	§ 4 KSVG	u. a. Beamte; Einkommen aus anderer Tätigkeit jährl. über 27 000,– € (West)/ 22 500,– € (Ost)
Kranken- und Pflegeversicherung	§ 5 KSVG	u. a. Beamte, andere hauptberufliche Beschäftigung, Studierende

Übersicht: Versicherungsfreiheit nach §§ 3 bis 5 KSVG

Von der Versicherungsfreiheit kraft Gesetzes ist die **Befreiung auf Antrag** zu unterscheiden. Berufsanfänger und Höherverdienende können auf besonderen Antrag hin von der gesetzlichen Kranken- und der sozialen Pflegeversicherung befreit werden, wenn sie eine entsprechende private Absicherung nachweisen (dazu Teil 4).

> Unterscheiden Sie die Versicherungsfreiheit von der Befreiung (auf Antrag). Erstere tritt kraft Gesetzes und ohne Willen und Zutun des Versicherten ein. Der verliert damit zwingend den jeweiligen Versicherungsschutz – meist, weil eine andere zwingende Absicherung besteht und eine Doppelsicherung vermieden werden soll. Letztere wird nur auf besonderen Antrag gewährt, der Versicherte kann also wählen, welche Absicherung für ihn die beste ist.

I. Versicherungsfreiheit insgesamt wegen geringfügigen Einkommens

Es werden nur solche selbständigen Künstler und Publizisten nach dem KSVG pflichtversichert, deren jährliches Einkommen eine gewisse Geringfügigkeitsgrenze überschreitet. Wird diese Grenze nicht erreicht, tritt Versicherungsfreiheit in der gesetzlichen Renten-, Kranken- und der sozialen Pflegeversicherung ein.

Nach der neuen Regelung des § 3 KSVG gilt dies seit dem 1. 1. 2002, wenn das voraussichtliche Jahreseinkommen die Summe von 3900,– € nicht übersteigt (unten 1). Im Monatsdurchschnitt entspricht dies der Grenze der geringfügigen Beschäftigung nach § 8 SGB IV, die bei 325,– € liegt (früher sog. 630-Mark-Jobs).

Eine **Ausnahme** gilt für **Berufsanfänger**. Sie sind in den ersten drei Jahren nach dem Berufsstart unabhängig von der Höhe ihres Einkommens immer pflichtversichert (unten 2).

> Die Geringfügigkeit des Arbeitseinkommens ist nicht mit Einnahmen aus „geringfügiger Beschäftigung" (325-Euro-Jobs) zu verwechseln. Denn bei letzteren handelt es sich eben nicht um Einkünfte aus selbständiger Arbeit, sondern aus abhängiger Beschäftigung.

1. Die Voraussetzungen der Versicherungsfreiheit

Die Versicherungsfreiheit tritt gem. § 3 Abs. 1 KSVG ein, wenn in einem Kalenderjahr das voraussichtliche Arbeitseinkommen aus selbständiger künstlerischer und/oder publizistischer Tätigkeit 3900,– € nicht übersteigt.

a) Der für die Prognose maßgebliche Zeitraum: das Kalenderjahr

Da es für die Versicherungspflicht nach dem KSVG auf das voraussichtliche Arbeitseinkommen im jeweiligen Kalenderjahr ankommt, muß eine **Prognose** über den erwarteten Gewinn erstellt werden. Den voraussichtlichen Gewinn eines Kalenderjahres muß jeder, der bereits nach dem KSVG versichert ist, der KSK bis zum 1. Dezember des Vorjahres mitteilen, § 12 KSVG. Aus dieser Angabe errechnet sich die Höhe der Beiträge (zu den Meldepflichten ausführlich im Teil 6).

Wer sich **erstmalig bei der KSK meldet**, wird dies selten genau zum 1. Januar des nächsten Jahres machen. Er muß seinen Gewinn für das **noch verbliebene** Kalenderjahr schätzen – also nicht etwa für die nächsten zwölf Monate nach der Meldung bei der KSK. Da sich die Gewinnerwartung nur auf einen Teil des Kalenderjahres bezieht, wird die Geringfügigkeitsgrenze von 3900,– € anteilsmäßig herabgesetzt.

Beispiel: Ein Grafiker in Hamburg beginnt am 1. 3. 2002 mit seiner selbständigen Tätigkeit. Die Geringfügigkeitsgrenze ist anteilsmäßig zu verringern, da die Tätigkeit im Jahr 2002 nur von März bis Dezember, also 10 Monate, ausgeübt wird:

(a) Geringfügigkeitsgrenze = 3900,– €

(b) $^{10}/_{12}$ der Geringfügigkeitsgrenze = 3250,– €

Das voraussichtliche Arbeitseinkommen aus der selbständigen künstlerischen Tätigkeit in den Monaten März bis Dezember muß also mindestens 3 250,– € betragen.

Die **anteilsmäßige Herabsetzung** des Mindesteinkommens gilt auch, wenn die selbständige künstlerische oder publizistische Tätigkeit nicht während eines ganzen Kalenderjahres ausgeübt wird und während des Bezugs von Kindergeld, § 3 Abs. 1 Sätze 2 und 3 KSVG.

b) Die Ermittlung des Arbeitseinkommens

Maßgeblich ist nur das voraussichtliche Arbeitseinkommen **aus selbständiger künstlerischer und/oder publizistischer Tätigkeit**. Auf andere Einnahmen, die daneben etwa aus einer abhängigen Beschäftigung oder aus einer nichtkünstlerischen selbständigen Tätigkeit erzielt werden, kommt es hier nicht an!

Der Begriff des Arbeitseinkommens wird für das gesamte Sozialrecht in § 15 SGB IV definiert:

> „Arbeitseinkommen ist der nach den allgemeinen Gewinnermittlungsvorschriften des Einkommensteuerrechts ermittelte Gewinn aus einer selbständigen Tätigkeit“.

Achtung: Unterscheiden Sie die Begriffe „Arbeitseinkommen" und „Arbeitsentgelt": „Arbeitseinkommen" sind die Einkünfte aus selbständiger Tätigkeit (§ 15 SGB IV), während „Arbeitsentgelt" die Einkünfte aus abhängiger Beschäftigung bezeichnet (§ 14 SGB IV).

Das Arbeitseinkommen aus selbständiger künstlerischer bzw. publizistischer Tätigkeit entspricht also dem Gewinn, wie er sich nach den Vorschriften des EStG errechnet. **Die Berechnung des Gewinns** aus einer selbständigen Tätigkeit richtet sich nach den §§ 4–7g EStG. Für die freien Berufe (zu denen gem. § 18 EStG auch künstlerische, schriftstellerische und journalistische Berufe gehören) ist die Gewinnberechnung relativ einfach. Sie ermitteln den Gewinn nicht durch eine (komplizierte) Bilanzierung. Es genügt eine sog. **Einnahmen-Überschußrechnung** nach § 4 Abs. 3 EStG. Bei dieser Überschußrechnung werden von den Betriebseinnahmen eines Kalenderjahres die Betriebsausgaben abgezogen. Die Differenz, soweit sie positiv ist, stellt den Gewinn und damit das Arbeitseinkommen dar:

Gewinn = Betriebseinnahmen – Betriebsausgaben

---

aa) Betriebseinnahmen: Die Betriebseinnahmen aus selbständiger künstlerischer bzw. publizistischer Tätigkeit umfassen alle Güter, die in Geld oder Geldwert (Sachwerte oder geldwerte Vorteile) bestehen und dem selbständigen Künstler bzw. Publizisten **aus dieser Tätigkeit** zufließen. Dies sind beispielsweise:

- Abfindungen (Entschädigungen), wenn der Grund im betrieblichen Bereich liegt, z. B. bei Zahlung an den Künstler durch Veranstalter, wenn dieser einen Konzertausfall zu verschulden hat)
- Aufwandsentschädigungen aus nebenberuflicher Tätigkeit als Ausbilder über 2400,– DM (§ 3 Nr. 26 EStG)
- Auszeichnungen und Preise (soweit sie nicht die Person oder das Lebenswerk würdigen), z. B. Wettbewerb
- Veräußerung von Betriebsvermögen
- Entnahmen, soweit sie sonst den Betriebsgewinn beeinflussen würden (etwa bei vorheriger Verbuchung als Betriebsausgabe).
- Geschenke
- Honorare, Vergütungen etc. (auch für die Verwertung und Nutzung urheberrechtlich geschützter Werke)
- Rentenzahlungen durch Kunden
- Sachzuwendungen, die nicht in das Betriebsvermögen übergehen
- Stipendien (mit wenigen Ausnahmen)
- bei Umsatzsteuerpflicht die Umsatzsteuerrückvergütung
- Verwertungserlöse
- Zinsen aus betrieblichen Forderungen
- Zuschüsse zur Altersversorgung selbständiger Journalisten durch die VG Wort.

Nicht zu den Betriebseinnahmen gehören
- erhaltene Darlehen
- durchlaufende Posten, (Einnahmen und Ausgaben, die im Namen und für Rechnung eines Dritten verbucht werden, § 4 Abs. 3 Satz 2 EStG)
- Einlagen
- Forderungsverzicht, wenn der Verzicht vorher vereinbart war oder nachträglich betrieblich begründet ist
- Mietwerte, wenn das Gebäude dem Versicherten gehört und von ihm zu eigengewerblichen Zwecken genutzt wird. Bei einer gemischt privaten-beruflichen Nutzung findet eine entsprechende Aufteilung statt.

57

Maßgeblicher **Zeitpunkt** ist das Datum des tatsächlichen Zuflusses des Wertes in das Vermögen (sog. „Zuflußprinzip"), § 11 Abs. 1 EStG. Es kommt also beispielsweise bei Forderungen nicht auf deren Fälligkeit an.

> **Beispiel:** Ein Maler liefert eine Auftragsarbeit pünktlich zum 1.11. beim Kunden ab. Die Honorarforderung über 5000,– € fügt er bei. Der Kunde überweist den Betrag am 5. 2. des Folgejahres.
> Die Forderung über 5000,– € ist am 1. 11. fällig geworden. Da die Summe aber erst am 5. 2. im Folgejahr zugeflossen ist, ist sie auch in die Überschußrechnung des Folgejahres aufzunehmen.

Eine **Ausnahme** gilt für regelmäßig wiederkehrende Einnahmen, etwa Jahresabrechnungen einer Verwertungsgesellschaft oder eines Verlages. Gem. § 11 Abs. 1 Satz 2 EStG gelten diese, wenn sie in der Zeitspanne zwischen dem 22. 12. und 10. 1. zufließen, als in dem Kalenderjahr zugeflossen, zu dem sie wirtschaftlich gehören.

> **Beispiel:** Ein Autor erhält zum Ende eines Jahres eine Abschlußaufstellung seiner verkauften Exemplare und der Vergütungen in Höhe von 2000,– €. Fällig ist die Zahlung nach Vereinbarung zum 31. 12. 2000. Tatsächlich geht die Gutschrift am 5. 1. 2001 ein.
> Die Jahresabrechnung ist eine regelmäßig wiederkehrende Einnahme (wenn auch in je unterschiedlicher Höhe), die wirtschaftlich noch zum vergangenen Jahr gehört. Da die Gutschrift erst im Folgejahr einging, müßte sie eigentlich auch als Einnahme des Folgejahres verbucht werden. Hier gilt aber § 11 Abs. 1 Satz 2 EStG: die 2000,– € werden in dem Kalenderjahr verbucht, dem sie wirtschaftlich zuzuordnen sind. Dies ist das Jahr 2001.

(bb) Betriebsausgaben: Die Betriebsausgaben sind Aufwendungen, die durch die selbständige künstlerische bzw. publizistische Tätigkeit veranlaßt sind, § 4 Abs. 4 EStG. Hierzu gehören:
- gezahlter Arbeitslohn (einschließlich des Arbeitgeberanteils an der Sozialversicherung und des Beitrags zur Unfallversicherung)
- Arbeitskleidung, wenn private Nutzung so gut wie ausgeschlossen ist
- Arbeitsmittel-
- Beiträge zu Berufsverbänden (nicht aber Gewerkschaften)

- Bewirtungskosten für Arbeitnehmer des Steuerpflichtigen
- Bewirtungskosten für Geschäftsfreunde, Kunden, Lieferanten etc. (80 % der angemessenen Aufwendungen)
- Kosten einer doppelten Haushaltsführung
- private Einlagen, soweit sie sonst den Betriebsgewinn beeinflussen würden
- Entschädigungen, die aus betrieblichen Gründen zu leisten sind (etwa wegen vom Künstler verschuldeten Konzertausfalls)
- Fachliteratur, wenn eine private Mitveranlassung objektiv ausgeschlossen ist; es müssen der Titel des Werkes und der Name des Käufers quittiert werden, die Angabe „Fachbuch" genügt nicht
- Fachzeitschriften, aber keine Tageszeitungen
- Fahrtkosten, die betrieblich veranlaßt sind (Kundenbesuche und Fahrten zwischen Wohnung und Büro)
- Finanzierungskosten (Schuldzinsen, Disagio/Damnum)
- Fortbildungskosten (nicht: Ausbildungskosten), auch für Arbeitnehmer, einschließlich Fahrtkosten, Übernachtung und Nebenkosten; bei Fortbildungen an touristisch interessanten Orten muß objektiv feststehen, daß private/touristische Nutzung nahezu ausgeschlossen war
- Informationsreisen, wenn privates (Mit-)Interesse objektiv ausgeschlossen ist (Vertragsverhandlungen, Vortragsreisen)
- Leasinggebühren (wenn der Leasingvertrag steuerlich anerkannt ist)
- Miete einschließlich der Nebenkosten
- PKW (1 % des Listenneupreises ist dem monatlichen Einkommen für private Nutzung zuzurechnen; geringere private Nutzung kann durch Fahrtenbuch nachgewiesen werden)
- Rechtsverfolgungskosten einschließlich Prozeßkosten, wenn betriebliche Ansprüche durchgesetzt oder Forderungen gegen den Betrieb abgewehrt werden sollen
- Reisekosten
- Schadensersatzkosten, wenn der Grund des Anspruchs in der beruflichen Tätigkeit liegt
- Sprachkurs, ggf. dann, wenn kein Privatinteresse besteht
- Steuerberatungskosten und Steuerprozeßkosten, wenn ein Zusammenhang mit der Gewinnermittlung besteht

- Steuern: nur Betriebssteuern (USt., Gewerbesteuer, betriebliche Kfz-Steuer, Gesellschaftssteuer); nicht jedoch private Steuern (ESt., VSt., Erbschaftssteuer, Schenkungssteuer, Umsatzsteuer auf Eigenverbrauch, Solidarzuschlag; dies gilt auch für Personengesellschaften
- Studienreisen (wenn beruflich veranlaßt und die Befriedigung privater Interessen so gut wie ausgeschlossen ist)
- Telefonkosten
- Umzugskosten (wenn ausschließlich beruflich veranlaßt)
- Versicherungsprämien: nur, wenn ein rein betriebliches Risiko abgedeckt wird (berufliche Haftpflicht, betriebliche Sachversicherung, Rechtsschutz, Kaskoversicherung für betrieblichen PKW); nicht bei auch nur teilweise privater Mitveranlassung (Krankenversicherung, Lebensversicherung, Unfallversicherung, private Hausratversicherung, allgemeiner Rechtsschutz).

§ 4 Abs. 5 EStG bestimmt aber auch eine Reihe von **nicht abzugsfähigen Betriebsausgaben**. Diese Ausgaben dürfen den Gewinn nicht mindern und daher von den Betriebseinnahmen nicht abgezogen werden. Dazu gehören unter anderem:

- Geschenke an Personen, die nicht Arbeitnehmer des Steuerpflichtigen sind, wenn der Wert der Geschenke pro Empfänger und Jahr 75,– DM übersteigt (Freigrenze),
- Kosten einer geschäftlich veranlaßten Bewirtung von Geschäftsfreunden, die 80 % der angemessenen Aufwendungen übersteigen,
- Aufwendungen für Jagd, Fischerei, Segeljachten und Motorjachten,
- Aufwendungen für ein häusliches Arbeitszimmer und dessen Ausstattung; dies gilt nicht, wenn die berufliche Nutzung des Arbeitszimmers mehr als 50 % der gesamten beruflichen Tätigkeit beträgt oder wenn für die berufliche Tätigkeit kein anderer Arbeitsplatz zur Verfügung steht – dann können allerdings höchstens 2400,– DM im Jahr abgesetzt werden. Diese Beschränkung gilt allerdings dann nicht, wenn das Arbeitszimmer den Mittelpunkt der gesamten beruflichen Betätigung bildet,
- Luxusaufwendungen, welche die Lebensführung des Steuerpflichtigen oder anderer Personen berühren, soweit sie nach allgemeiner Lebensauffassung als unangemessen anzusehen sind.

Alle Ausgaben müssen **ausschließlich betrieblich** veranlaßt sein. Dies ist nicht der Fall bei den **privaten Kosten der Lebensführung**, § 12 Nr. 1 EStG. Dies ist auch nicht der Fall bei sog. „**gemischten Aufwendungen**", die der privaten Lebensführung und zugleich auch der Förderung des Berufes dienen. In diesen Fällen ist ein – auch anteilsmäßiger – Abzug der Kosten als Betriebsausgabe unzulässig. Eine **Ausnahme** gilt für die gemischten Aufwendungen nur, wenn drei Voraussetzungen erfüllt sind:

(1) eine Trennung nach betrieblicher und privater Ausgabe ist möglich,

(2) die jeweiligen Anteile lassen sich nachweisen, und

(3) kein Teil, ob der betriebliche oder der private, ist nur von untergeordneter Bedeutung (weniger als 10 % Anteil).

In diesen Fällen kann der auf betrieblich bedingte Ausgaben anfallende Teil als Betriebsausgabe in die Berechnung einbezogen werden.

Beispiel: Telefonkosten können nach betrieblichen und privaten Gesprächen getrennt aufgelistet werden. Die betrieblichen Gespräche sind dann Betriebsausgaben.

Maßgeblicher **Zeitpunkt** ist der tatsächliche Abfluß des Vermögens (sog. „Abflußprinzip"). Auch hier gilt die Ausnahme des § 11 Abs. 1 Satz 2 EStG für regelmäßig wiederkehrende Betriebsausgaben im Zeitraum vom 22. 12.–10. 1. (Beispiel s. oben S. 58).

c) Zulässiges Unterschreiten des Mindesteinkommens

Nach der neuen Rechtslage schadet es nicht mehr automatisch, wenn das voraussichtliche Jahreseinkommen in einem Kalenderjahr unter der Geringfügigkeitsschwelle von 3900,– € liegt. Gem. § 3 Abs. 3 Satz 1 KSVG n. F. tritt die Versicherungsfreiheit vielmehr nur dann ein, wenn das voraussichtliche Jahreseinkommen diese Schwelle **mehr als zweimal innerhalb von sechs Jahren** nicht überschreitet.

Der maßgebliche Zeitraum von sechs Jahren beginnt mit dem Jahr, in dem die Geringfügigkeitsschwelle erstmals voraussichtlich nicht überschritten wird. Voraussetzung ist allerdings, daß seit dem Ende der Berufsanfänger-Frist (§ 3 Abs. 2 KSVG n. F.) bereits drei

Einnahmen-Überschußrechnung		
Betriebseinnahmen		
– Honorare		
– Verwertungserlöse		
– Sachzuwendungen		
– Entnahmen		
– Sonstiges		
= Summe 1		
Betriebsausgaben		
– Arbeitsmittel		
– Beiträge		
– Einlagen		
– Fahrtkosten		
– Finanzierungskosten		
– Fortbildung		
– Miete		
– PKW		
– Rechtsberatung		
– Steuerberatung		
– Telefon		
– Versicherungen		
– Sonstiges		
= Summe 2		
Summe 1	
abzgl. Summe 2	
= Gewinn/Verlust:	

Jahre vergangen sind. Wer in den ersten drei Kalenderjahren nach Ende der Frist für Berufsanfänger die Geringfügigkeitsschwelle voraussichtlich nicht überschreitet, kommt daher nicht in den Genuß der Regelung des § 3 Abs. 3 Satz 1 KSVG, er ist versicherungsfrei und hat keine Absicherung in der gesetzlichen Renten- und Krankenversicherung und der sozialen Pflegeversicherung.

Diese Regelung fügt sich den praktischen Gegebenheiten. Gerade Unternehmer der Kunst- und Medienbranchen sind häufig von großen Einkommensschwankungen betroffen. Der Gesetzesentwurf stellte daher auch ausdrücklich darauf ab, daß mit der neuen Rechtslage etwa Auftragsausfälle oder hohe Investitionskosten abgefedert werden können.

2. Keine Versicherungsfreiheit für Berufsanfänger!

Die Versicherungsfreiheit wegen nur geringfügigen Einkommens gilt gem. § 3 Abs. 2 KSVG nicht für Berufsanfänger. Sie sind daher unabhängig von ihrem voraussichtlichen Einkommen – also auch bei Unterschreiten der Geringfügigkeitsgrenze – versicherungspflichtig. Das BSG hat die Vereinbarkeit dieser Regelung mit dem Grundgesetz festgestellt (Urteil v. 20. 7. 1994, Az. 3/12 RK 18/92).

Ausnahmen können sich aber auch für Berufsanfänger aus § 4 KSVG für die gesetzliche Rentenversicherungspflicht und aus § 5 KSVG für die gesetzliche Kranken- und soziale Pflegeversicherung ergeben (dazu unten II. und III.). Außerdem können sich Berufsanfänger nach § 6 auf Antrag von der gesetzlichen Krankenversicherung zugunsten einer privaten Krankenversicherung befreien lassen (dazu Teil 4).

a) Wer ist Berufsanfänger?

Als Berufsanfang gilt nach der neuen Regelung des § 3 Abs. 2 Satz 1 KSVG der Zeitraum von drei (zuvor fünf) Jahren ab der erstmaligen Aufnahme der erwerbsmäßig und nicht nur vorübergehend ausgeübten selbständigen künstlerischen bzw. publizistischen Tätigkeit.

Auch bei **Studenten**, die neben dem Studium selbständig künstlerisch oder publizistisch tätig sind, bejaht die KSK den Beginn der Versicherungspflicht erst, wenn die Tätigkeit berufsmäßig ausgeübt wird. Dies ist erst der Fall, wenn der Lebensunterhalt hauptsächlich mit den Einnahmen aus der selbständigen künstlerischen oder publizistischen Tätigkeit bestritten wird. Daher liegt der Berufsanfang nicht vor bei Studenten, die ihr Studium schwerpunktmäßig betreiben und sich aus einer selbständigen künstlerischen oder publizistischen Tätigkeit lediglich ein Zubrot zu BAFöG-Leistungen oder anderen Zuwendungen verdienen.

Beispiel: Ein Student hat neben seinem Studium seit 1994 als freier Mitarbeiter für die lokale Tageszeitung geschrieben. Die Höhe der Einkünfte hieraus lag unter BAFöG und Eltern-Zuschuß. Nach Abschluß des Studiums und eines Volontariats meldet er sich bei der KSK und gibt als Beginn der selbständigen publizistischen Tätigkeit den 1. 6. 2002 an. Sein Einkommen aus der publizistischen Tätigkeit wird in dem verbleibenden Jahr voraussichtlich bei 2000,– € liegen.
a) Geringfügigkeitsgrenze 2002 = 3900,– €
b) $7/12$ der Geringfügigkeitsgrenze = 2275,– €
Das voraussichtliche Arbeitseinkommen von 2000,– € unterschreitet damit die anteilige Geringfügigkeitsgrenze des § 3 Abs. 1 KSVG.
Aber: Es gilt § 3 Abs. 2 KSVG zugunsten der Berufsanfänger. Berufsanfang war der 1. 6. 2002. Daß während des Studium nebenbei bereits als freier Mitarbeiter gejobt wurde, schadet nicht. Damit gilt er bis zum 31. 5. 2005 als Berufsanfänger und ist in dieser Zeit unabhängig von der Höhe seines Arbeitseinkommens versicherungspflichtig.

b) Verlängerung der 3-Jahres-Frist

Die Berufsanfänger-Frist von drei Jahren ab erstmaliger Aufnahme der selbständigen künstlerischen oder publizistischen Tätigkeit verlängert sich nach § 3 Abs. 2 Satz 2 KSVG n. F. um folgende Zeiträume:
- um Zeiten, in denen keine Versicherungspflicht nach dem KSVG besteht,
- um Zeiten, in denen Versicherungsfreiheit nach § 5 Abs. 1 Nr. 8 KSVG besteht (= Studium).

Der erste Fall gilt etwa für Tätigkeiten als beschäftigter Arbeitnehmer, während des Wehr- oder Zivildienstes oder für den Erziehungsurlaub. Während dieser Zeiten ruht die Versicherungspflicht nach dem KSVG, die 3-Jahres-Frist nach § 3 Abs. 2 KSVG läuft während dieser Zeit nicht.

Beispiel: Ein Grafiker hat sich zum 1. 1. 2001 selbständig gemacht. Ein Jahr später wird er von einer Agentur für zwei Jahre angestellt und ist dort für zwei Jahre vom 1. 1. 2002 bis zum 31. 12. 2003 beschäftigt, ohne die selbständige Tätigkeit weiter auszuüben. In dieser Zeit unterliegt er als Arbeitnehmer nicht der Versicherungspflicht nach dem KSVG. Seine selbständige Tätigkeit nimmt er ab dem 1. 1. 2004 wieder auf. Die Frist nach § 3 Abs. 2 KSVG beginnt für ihn am 1. 1. 2001 und verlängert sich um die Zeit als Arbeitnehmer. Sie läuft daher nicht bis zum 31.12. des Jahres 2004, sondern des Jahres 2006.

Gleiches gilt nach der zweiten Ausnahme, wenn nach dem Berufsbeginn ein Studium aufgenommen wird. Als Studium gilt dabei das Studium als ordentlicher Studierender einer Hochschule oder einer der fachlichen Ausbildung dienenden Schule.

c) Übergangsregelung

§ 56 Abs. 1 KSVG n. F. schafft eine Übergangsregelung für alle Künstler und Publizisten, die ihre selbständige Tätigkeit vor dem 1. Januar 2001 erstmals aufgenommen haben. Für sie bleibt es bei der alten Regelung, wonach die Frist für Berufsanfänger fünf Jahre ab erstmaliger Aufnahme der Tätigkeit beträgt. Allerdings wird diese Frist **nicht** durch eingeschobenen Wehr- oder Zivildienst, Erziehungsurlaub, abhängige Beschäftigung etc. verlängert, § 3 Abs. 2 Satz 2 KSVG n. F. gilt hier nicht!

II. Versicherungsfreiheit nur von der gesetzlichen Rentenversicherung

§ 4 KSVG normiert eine Reihe von Tatbeständen, nach denen allein in der gesetzlichen Rentenversicherung Versicherungsfreiheit eintritt. Die Versicherungspflicht in der gesetzlichen Kranken- und der sozialen Pflegeversicherung bleibt von § 4 KSVG unberührt.

Hauptgrund für die Anordnung der Versicherungsfreiheit ist regelmäßig eine bereits bestehende Absicherung für Alter und verminderte Erwerbsmäßigkeit in der gesetzlichen Rentenversicherung oder durch eine vergleichbare Absicherung.

Die Versicherungsfreiheit in der gesetzlichen Rentenversicherung für **Studierende** wurde mit § 4 KSVG n. F. aufgehoben. Soweit auf sie die Voraussetzungen des KSVG zutreffen, sind sie daher Pflichtversicherte in der gesetzlichen Rentenversicherung. Allerdings sind Studierende nun versicherungsfrei in der gesetzlichen Krankenversicherung, § 5 Abs. 1 Nr. 8 KSVG (dazu unten III.).

1. Verweis auf eine Versicherungsfreiheit bzw. -befreiung nach SGB VI (§ 4 Nr. 1 KSVG)

Nach § 4 Nr. 1 KSVG besteht Versicherungsfreiheit, wenn für eine andere, gleichzeitig ausgeübte (abhängige) Beschäftigung gem. § 5 Abs. 1 SGB VI Versicherungsfreiheit besteht, oder wenn gem. § 6 SGB VI auf Antrag von der Versicherungspflicht befreit wurde. Gleiches gilt für eine weitere selbständige, aber nichtkünstlerische bzw. nichtpublizistische Tätigkeit.

Das KSVG verweist hier also auf eine bereits bestehende Ausnahme von der Versicherungspflicht, die auf einer anderen Tätigkeit gründet.

a) Versicherungsfreiheit für Beschäftigte

Gem. 5 Abs. 1 SGB VI sind die folgenden Personen in der Rentenversicherung versicherungsfrei:

- Beamte und Richter auf Lebenszeit, Beamte auf Zeit oder auf Probe und Beamte auf Widerruf im Vorbereitungsdienst;
- Beschäftigte von Körperschaften, Anstalten und Stiftungen des öffentlichen Rechts, wenn ihnen eine Anwartschaft auf Versorgung gewährleistet ist;
- satzungsmäßige Mitglieder von geistlichen Genossenschaften, Diakonien und Angehörige ähnlicher Einrichtungen, wenn ihnen eine Anwartschaft auf Versorgung gewährleistet ist.

Beispiel: Ein leitender Beamter spielt mit seinem privaten Streichquartett regelmäßig auf Veranstaltungen. Die Einnahmen aus dieser künstlerischen Tätigkeit übersteigen die Geringfügigkeitsgrenzen des § 3 KSVG.

Der Beamte ist für die künstlerische Tätigkeit gem. § 4 Nr. 1 KSVG in der gesetzlichen Rentenversicherung versicherungsfrei. Als Beamter ist er außerdem in der gesetzlichen Kranken- und der sozialen Pflegeversicherung versicherungsfrei, § 5 Abs. 1 Nr. 4 KSVG.

Die Versicherungsfreiheit tritt dagegen **nicht** ein, wenn es sich bei der zusätzlich ausgeübten Tätigkeit nur um eine **geringfügige Beschäftigung** im Sinne des § 8 SGB IV handelt. Geringfügig ist eine Tätigkeit, wenn sie weniger als 15 Stunden in der Woche ausgeübt wird und das Entgelt 325,– € nicht übersteigt (sog. „Entgeltgeringfügigkeit") oder wenn sie längstens 2 Monate oder 50 Arbeitstage ausgeübt wird (sog. „Zeitgeringfügigkeit" oder „kurzfristige Beschäftigung"). Ausführliche Informationen zur geringfügigen Beschäftigung finden Sie auf den Seiten 50 ff.

b) Versicherungsfreiheit für Selbständige

Die meisten selbständigen Tätigkeiten unterliegen nicht der Versicherungspflicht in der gesetzlichen Rentenversicherung.

Für einen engen Kreis aber bestimmt § 2 SGB VI dennoch die Versicherungspflicht: dies betrifft etwa selbständige Lehrer und Erzieher (§ 2 Nr. 1 SGB VI), selbständige Seelotsen und Küstenschiffer (§ 2 Nr. 4 und 7) und arbeitnehmerähnliche Selbständige (§ 2 Nr. 9 SGB).

Von dieser Versicherungspflicht gibt es aber wiederum Ausnahmen. Wer als oben genannter Selbständiger etwa durch eine berufsständische Versorgungseinrichtung abgesichert ist, kann auf Antrag von der Versicherungspflicht befreit werden, § 6 Abs. 1 Nr. 1 SGB VI.

In diesen Fällen tritt nach § 4 Nr. 1 KSVG Versicherungsfreiheit auch für die selbständige künstlerische bzw. publizistische Tätigkeit ein.

Die Versicherungsfreiheit nach dem KSVG tritt gem. § 4 Nr. 1 KSVG aber dann nicht ein, wenn die nichtkünstlerische Tätigkeit nur geringfügig im Sinne des § 8 SGB IV ist (s. oben a).

c) Versicherungsfreiheit für Rentenbezieher

Versicherungsfrei sind gem. § 5 Abs. 4 SGB VI ferner:

- Bezieher einer Vollrente aus der gesetzlichen Rentenversicherung
- Bezieher einer beamtenrechtlich oder kirchenrechtlich begründeten Versorgung
- Personen, die bis zum 65. Lebensjahr nicht in der gesetzlichen Rentenversicherung versichert waren.

Selbständige Künstler und Publizisten, die eine der oben genannten Renten beziehen, sind also gem. § 4 Nr. 1 KSVG iVm § 5 Abs. 4 SGB VI in der gesetzlichen Rentenversicherung versicherungsfrei.

d) Versicherungsbefreiung gem. § 6 SGB VI

Versicherungsfreiheit gem. § 4 Nr. 1 KSVG genießt ferner, wer auf Antrag nach § 6 SGB VI von der gesetzlichen Rentenversicherungspflicht wegen einer nichtkünstlerischen Tätigkeit befreit wurde. Auf Antrag können nach § 6 SGB VI von der gesetzlichen Rentenversicherung u. a. befreit werden:

- Angestellte und Selbständige, soweit ursprünglich eine Versicherungspflicht besteht, aber durch Mitgliedschaft in einer berufsständischen Versorgungseinrichtung eine Versorgung gewährleistet ist
- Lehrer und Erzieher an nicht-öffentlichen Schulen oder Anstalten, wenn nach beamten- oder kirchenrechtlichen Grundsätzen eine Versorgung gewährleistet ist.

2. Anderweitiger Bezug von Arbeitsentgelt oder Arbeitseinkommen (§ 4 Nr. 2 KSVG)

Wer neben seiner selbständigen künstlerischen oder publizistischen Tätigkeit noch einer anderweitigen Beschäftigung als Arbeitnehmer nachgeht und daraus ein Arbeitsentgelt einer gewissen Höhe erzielt, ist gem. § 4 Nr. 2 KSVG in der gesetzlichen Rentenversicherung versicherungsfrei.

Gleiches gilt, wenn ein Arbeitseinkommen aus einer zusätzlichen selbständigen, aber nichtkünstlerischen bzw. nichtpublizistischen Tätigkeit erzielt wird.

a) Die maßgebliche Schwelle für die zusätzlichen Einkünfte

Die Versicherungsfreiheit tritt ein, wenn die zusätzlichen Einkünfte aus abhängiger oder selbständiger nichtkünstlerischer Tätigkeit mindestens die **Hälfte der Beitragsbemessungsgrenze** für die gesetzliche Rentenversicherung nach § 159 SGB VI erreichen.

Die Höhe dieser Beitragsbemessungsgrenze (BBG) und damit die Schwelle für die Versicherungsfreiheit nach § 4 Nr. 2 KSVG ändert sich jährlich. Die BBG wird von der Bundesregierung durch Rechtsverordnung für jedes Kalenderjahr festgesetzt, § 160 SGB VI.

Die folgenden Tabellen zeigen, welches Einkommen in den alten Bundesländern in den Jahren 1998 bis 2002 aus anderweitiger Tätigkeit erzielt werden mußte, um nach § 4 Nr. 2 KSVG Versicherungsfreiheit in der gesetzlichen Rentenversicherung zu erlangen:

| | Mindesteinkommen (West) aus anderer Tätigkeit (in DM) | |
	jährlich	monatlich
1998	50 400,00 DM	4200,– DM
1999	51 000,00 DM	4250,– DM
2000	51 600,00 DM	4300,– DM
2001	52 200,00 DM	4350,– DM
2002	27 000,00 €	2250,– €

Tab. 4: Mindesteinkommen (West) für die Versicherungsfreiheit nach dem KSVG in der gesetzl. RV

Für die neuen Bundesländer ergaben sich diese Zahlen:

| | Mindesteinkommen (Ost) aus anderer Tätigkeit (in DM) | |
	jährlich	monatlich
1998	42 000,00 DM	3500,– DM
1999	43 200,00 DM	3600,– DM
2000	42 600,00 DM	3550,– DM
2001	43 800,00 DM	3650,– DM
2002	22 500,00 €	1875,– €

Tab. 5: Mindesteinkommen (Ost) für die Versicherungsfreiheit nach dem KSVG in der gesetzl. RV

Beispiel: A ist freier Fernsehautor und über die KSK versichert. Außerdem ist er Assistent bei einer Produktionsfirma. Er meldet sein voraussichtliches Einkommen zum 1. 12. des laufenden Jahres für das folgende Kalenderjahr. Als freier Autor wird er im Jahr 2002 insgesamt voraussichtlich 12 000,– € verdient haben, als Assistent voraussichtlich 18 000,– €.

Ist A gem. § 4 Nr. 2 KSVG in der gesetzlichen Rentenversicherung versicherungsfrei? Dann müßten die Arbeitseinkünfte (als Arbeitnehmer) wenigstens die Hälfte der Beitragsbemessungsgrenze (BBG) der Rentenversicherung erreichen.

a) BBG 2002 = 54 000,– €

b) ½ der BBG 2002 = 27 000,– €

c) Jahresgehalt = 18 000,– €

Da das Gehalt als Assistent nur 18 000,– € erreicht, ist die Schwelle nicht überschritten. A bleibt nach dem KSVG versicherungspflichtig.

Wird die andere Tätigkeit (abhängige Beschäftigung oder nicht-künstlerische selbständige Tätigkeit) nur für einen **Teil eines Kalenderjahres** ausgeübt, so ist die Grenze entsprechend herabzusetzen, § 4 Nr. 2, 2. Halbsatz KSVG. Dann tritt für diesen Zeitraum in der gesetzlichen Rentenversicherung Versicherungsfreiheit ein.

Beispiel: Der freie Autor im obigen Beispiel ist nur vom 1. 2. 2002 bis zum 31. 5. 2002 als Assistent beschäftigt gewesen, also für 4 von 12 Monaten, bei einem monatlichen Gehalt von 1500,– €. Die maßgebliche Schwelle ist entsprechend zu verringern.

a) BBG 2002 = 54 000,– €

b) ½ der BBG 2002 = 27 000,– €

c) anteilige Herabsetzung: 27 000,– × $\frac{4}{12}$ = 9000,– €

d) Einkommen als Arbeitnehmer 2002 = 6000,– €

Da die Tätigkeit 2002 nur 4 Monate ausgeübt wurde, war die Schwelle von 27 000,– € entsprechend herabzusetzen auf 9000,– €. Die voraussichtlichen Einnahmen aus nichtkünstlerischer Tätigkeit überschreiten diesen Wert nicht, so daß keine Versicherungsfreiheit nach § 4 Nr. 2 KSVG bestand.

Relevant für die Versicherungsfreiheit nach § 4 Nr. 2 KSVG ist aber nur das **beitragspflichtige Einkommen**. Das Arbeitsverhältnis muß also der Versicherungspflicht in der gesetzlichen Rentenversicherung unterliegen. Andernfalls besteht keine doppelte Absicherung, die durch die Regelung des § 4 Nr. 2 KSVG verhindert werden könnte. Arbeitsentgelt aus einem Beschäftigungsverhältnis, für das Versicherungsfreiheit besteht, zählt also nicht zum Arbeitsentgelt im Sinne des § 4 Nr. 2 KSVG.

> **Beispiel:** Ein freier Fernsehautor ist als Lehrer verbeamtet. Als Beamter unterliegt er nicht der Versicherungspflicht in der gesetzlichen Rentenversicherung. Seine Dienstbezüge sind daher kein Arbeitsentgelt im Sinne des § 4 Nr. 2 KSVG, folglich kann für ihn aus dieser Bestimmung auch keine Versicherungsfreiheit folgen. Aber: Als Beamter ist er für die selbständige publizistische Tätigkeit bereits gem. § 4 Nr. 1 KSVG in der gesetzlichen Rentenversicherung versicherungsfrei.

b) Besonderheiten bei „unständiger Beschäftigung", insbesondere in der Film- und Fernsehproduktion

Besonderheiten hinsichtlich der Versicherungsfreiheit in der gesetzlichen Rentenversicherung gelten gem. § 163 Abs. 1 SGB VI für sog. „unständig" Beschäftigte.

Unständig ist eine Beschäftigung, „die auf weniger als eine Woche entweder nach der Natur der Sache befristet zu sein pflegt oder im voraus durch den Arbeitsvertrag befristet ist" (§ 163 Abs. 1 Satz 2 SGB VI). Die unständige Beschäftigung steht also im Gegensatz zur ständigen Beschäftigung, welche im Umkehrschluß mindestens eine Woche, meist aber Monate oder Jahre dauert. Typisch für unständig Beschäftigte ist es, keinen einzelnen und dauerhaften Arbeitgeber zu haben, sondern bei verschiedenen Arbeitgebern jeweils nur kurzzeitig beschäftigt zu sein. Gängig ist die unständige Beschäftigung vor allem in der Film- und Fernsehproduktion.

Da es sich bei der unständigen Beschäftigung um eine – abhängige – Beschäftigung handelt, ist die Regelung des § 163 Abs. 1 SGB VI nicht auf eine selbständige Tätigkeit etwa als freier Mitarbeiter anwendbar.

Die Voraussetzungen einer unständigen Beschäftigung lassen sich zu drei Punkten zusammenfassen:

- die Dauer der Beschäftigung muß **unter einer Woche** liegen, d. h., sie kann zwischen einem Tag und sechs Tagen dauern. Werden vergleichbare Beschäftigungen üblicherweise für höchstens sechs Tage abgeschlossen, schadet eine ausnahmsweise längere Beschäftigung nicht;

- die unständigen Arbeiten werden **berufsmäßig** ausgeübt, also nicht nur für ein einziges Mal. Aufgrund des Kriteriums der Berufsmäßigkeit scheidet bei der unständigen Beschäftigung eine

Versicherungsfreiheit wegen geringfügiger Beschäftigung im Sinne des § 8 Abs. 1 Nr. 2 SGB IV („Zeitgeringfügigkeit") aus;
- beide Vertragsparteien bezwecken nicht von vornherein die stete Wiederholung der Beschäftigung. Ob nach Beendigung der einen unständigen Beschäftigung ein neuer Vertrag geschlossen wird, muß also offen sein.

> **Beispiel:** Ein Musiker schließt einen Arbeitsvertrag mit einer Produktionsfirma, die ein bestimmtes Musikvideo erstellt. Die Dreharbeiten finden statt vom 3.–5. April, als Entgelt werden 2500,– € vereinbart.

Die Besonderheit: gem. § 163 Abs. 1 SGB VI gilt das Arbeitsentgelt aus der unständigen Beschäftigung nicht nur in den (max. sechs) Tagen der Beschäftigung, sondern als in dem ganzen Monat bezogen.

> In dem obigen Beispiel des Musikers gelten die 2500,– € also als im Monat April bezogen.

Die Folge: Liegt das Entgelt aus der unständigen Beschäftigung oberhalb der Grenze des § 4 Nr. 2 KSVG, tritt für den gesamten Monat Versicherungsfreiheit in der gesetzlichen Rentenversicherung ein. Denn gem. § 4 Nr. 2, 2. Halbsatz KSVG ist die maßgebliche Schwelle entsprechend herabzusetzen, wenn die Beschäftigung nur für einen Teil des Kalenderjahres ausgeübt wird.

> Die Berechnung gestaltet sich folgendermaßen:
> a) jährl. BBG 2002 = 54 000,– €
> b) monatliche BBG 2002 = 4500,– €
> c) ½ der monatl. BBG 2002 = 2250,– €
> d) Verdienst im April aus unständiger Beschäftigung = 2500,– €
> Im Jahr 2002 lag ½ der monatlichen BBG für die gesetzliche Rentenversicherung bei 2250,– €. Da der Musiker im Monat April 2500,– € und damit mehr als diese Summe als Arbeitsentgelt erhalten hat, ist er gem. § 4 Nr. 2 KSVG für den gesamten Monat April von der Versicherungspflicht in der gesetzlichen Rentenversicherung befreit (obwohl die Beschäftigung nur drei Tage dauerte).

3. Eintragung in die Handwerksrolle (§ 4 Nr. 3 KSVG)

Nach § 4 Nr. 3 sind in die Handwerksrolle eingetragene Handwerker in der gesetzlichen Rentenversicherung versicherungsfrei. Sie haben bereits einen Anspruch auf Altersentgelt nach § 2 Nr. 8 SGB VI und sind damit abgesichert.

Die Versicherungsfreiheit nach § 4 Nr. 3 KSVG gilt jedoch nicht für Inhaber eines Handwerksbetriebes im Sinne der §§ 2 und 3 der Handwerksordnung. Für diese Personen bleibt es bei der Versicherungspflicht in der Rentenversicherung nach § 1 KSVG.

4. Landwirte (§ 4 Nr. 4 KSVG)

Nach § 4 Nr. 5 KSVG sind selbständige Künstler und Publizisten, die zugleich Landwirte im Sinne des § 1 des Gesetzes über die Alterssicherung der Landwirte sind, in der gesetzlichen Rentenversicherung versicherungsfrei.

5. Altersrente der gesetzlichen Rentenversicherung (§ 4 Nr. 5 KSVG)

Selbständige Künstler und Publizisten, die zugleich eine Vollrente wegen Alters von einem Träger der gesetzlichen Rentenversicherung beziehen, sind nach § 4 Nr. 5 KSVG in der gesetzlichen Rentenversicherung versicherungsfrei.

Träger der gesetzlichen Rentenversicherung sind

- die BfA für die Rentenversicherung der Angestellten,
- die LVA für die Rentenversicherung der Arbeiter,
- die Bundesknappschaft als Träger der knappschaftlichen Rentenversicherung,
- die Bahnversicherungsanstalt und
- die Seekasse.

Die Versicherungsfreiheit tritt nur ein, wenn eine Rente wegen Alters im Sinne der §§ 35 ff. SGB VI bezogen wird, also nicht bei einer Rente wegen verminderter Erwerbsfähigkeit (§ 43 SGB VI) oder einer Hinterbliebenenrente (§§ 46 ff. SGB VI). Es muß sich außerdem um eine Vollrente handeln. Bezieht der Versicherte nur eine Teilrente (§ 42 SGB VI), scheidet die Versicherungsfreiheit nach § 4 Nr. 5 KSVG aus.

6. Altersgeld oder Landabgaberente (§ 4 Nr. 6 KSVG)

Ebenfalls als selbständiger Künstler oder Publizist ist in der gesetzlichen Rentenversicherung versicherungsfrei, wer als ehemaliger Landwirt eine Altersrente – oder nach Vollendung des 60. Lebensjahres – eine Landabgaberente nach dem ALG bezieht, § 4 Nr. 6 KSVG.

7. Wehr- oder Zivildienst (§ 4 Nr. 7 KSVG)

Selbständige Künstler und Publizisten sind während der Zeit des Wehr- oder Zivildienstes gem. § 4 Nr. 8 KSVG in der gesetzlichen Rentenversicherung versicherungsfrei. Grund: Für Wehr- und Zivildienstleistende besteht bereits eine Versicherungspflicht gem. § 3 Nr. 2 SGB VI, so daß eine weitere Absicherung nicht erforderlich ist.

III. Versicherungsfreiheit nur von der gesetzlichen Krankenversicherung und der sozialen Pflegeversicherung

§ 5 KSVG regelt Tatbestände, nach denen Versicherungsfreiheit in der gesetzlichen Krankenversicherung und (zugleich) in der sozialen Pflegeversicherung eintritt.

1. Hauptberuflich andere Beschäftigung; Bezug von Arbeitslosengeld bzw. -hilfe oder von Unterhaltsgeld (§ 5 Abs. 1 Nr. 1 KSVG)

Künstler und Publizisten sind gem. § 5 Abs. 1 Nr. 1 KSVG in der gesetzlichen Krankenversicherung versicherungsfrei, wenn sie einer hauptberuflichen abhängigen Beschäftigung nachgehen und die selbständige künstlerische bzw. publizistische Tätigkeit nur nebenberuflich ausüben. Denn in diesen Fällen sind sie als Beschäftigte bereits gem. § 5 Abs. 1 Nr. 1 SGB V versicherungspflichtig in der gesetzlichen Krankenversicherung, so daß eine weitere Absicherung überflüssig ist. Zu den Beschäftigten zählen gem. § 5 Abs. 1 Nr. 1 SGB V auch die zur Berufsausbildung Beschäftigten.

> **Beispiel:** Ein freier Musiker geht neben seiner nebenberuflichen selbständigen künstlerischen Tätigkeit noch als Arbeitnehmer hauptberuflich einer abhängigen Beschäftigung nach. Er ist deshalb als Beschäftigter bereits gem. § 5 Abs. 1 Nr. 1 SGB V in der gesetzlichen Krankenversicherung pflichtversichert und damit insoweit abgesichert.
>
> Um doppelte Absicherungen zu vermeiden, besteht für die künstlerische Tätigkeit in der gesetzlichen Kranken- und der sozialen Pflegeversicherung gem. § 5 Abs. 1 Nr. 1, Abs. 2 Nr. 1 KSVG Versicherungsfreiheit.

Dies gilt aber **nur bei einer hauptberuflichen abhängigen Beschäftigung**, § 5 Abs. 5 SGB V. Wird dagegen umgekehrt die künstlerische oder publizistische Tätigkeit hauptberuflich und die abhängige Beschäftigung nur nebenberuflich ausgeübt, bleibt es bei der Versicherungspflicht nach § 1 KSVG. In der Sache ändert sich also wenig, es besteht in jedem Fall eine Versicherungspflicht in der gesetzlichen Krankenkasse.

Hauptberuflich ist diejenige Tätigkeit, die von ihrer wirtschaftlichen Bedeutung und dem zeitlichen Aufwand her die andere Tätigkeit deutlich übersteigt und den Mittelpunkt der Erwerbstätigkeit darstellt. Maßgebliche Faktoren für die Bestimmung des Hauptberufes sind also Zeitaufwand und Höhe der Einnahmen. Überwiegen Zeitaufwand und Einnahmen bei der selbständigen künstlerischen bzw. publizistischen Tätigkeit, stellt diese den Hauptberuf dar.

Daneben sind selbständige Künstler und Publizisten, die zugleich **Bezieher von Arbeitslosengeld bzw. -hilfe oder von Unterhaltsgeld** sind, in der gesetzlichen Krankenversicherung versicherungsfrei, § 5 Abs. 1 Nr. 1 KSVG. Denn wer Arbeitslosengeld etc. bezieht, ist bereits gem. § 5 Abs. 1 Nr. 2 SGB V krankenversichert und bedarf keiner weiteren Absicherung. Es bleibt während des Bezugs von Arbeitslosengeld aber bei der Leistung von Beiträgen an die Rentenkasse.

> Legen Sie den **Bewilligungsbescheid** des Arbeitsamtes über den Bezug von Leistungen baldmöglichst der KSK vor. Sie unterbricht daraufhin für diesen Zeitraum die Zahlung von Beiträgen an die Kranken- und Pflegekasse. Nach Vorlage des Aufhebungsbescheides werden wieder Beiträge an die Kranken- und Pflegekasse gezahlt.

2. Ruheständler (§ 5 Abs. 1 Nr. 2 KSVG)

Die neue Regelung des § 5 Abs. 1 Nr. 2 KSVG n. F. schließt solche Personen von der gesetzlichen Krankenversicherung aus, welche eine selbständige künstlerische oder publizistische Tätigkeit erstmals nach der Vollendung des 65. Lebensjahres aufnehmen. Es soll verhindert werden, daß man über das KSVG einen günstigen Krankenversicherungsschutz im Alter erwerben kann, ohne ernsthaft künstlerisch oder publizistisch tätig gewesen zu sein.

3. Landwirte (§ 5 Abs. 1 Nr. 3 KSVG)

Selbständige Künstler und Publizisten, die zugleich als Landwirte gem. § 2 Abs. 1 Nr. 1 bis 3 des Zweiten Gesetzes über die Krankenversicherung der Landwirte (KVLG) versichert sind, sind gem. § 5 Abs. 1 Nr. 3 KSVG in der gesetzlichen Krankenversicherung versicherungsfrei. Auch hier ist eine weitere Absicherung neben der nach dem KVLG bestehenden nicht erforderlich.

4. Anderweitige Versicherungsfreiheit oder -befreiung (§ 5 Abs. 1 Nr. 4 KSVG)

Selbständige Künstler und Publizisten sind gem. § 5 Abs. 1 Nr. 4 KSVG ferner in der gesetzlichen Krankenversicherung versicherungsfrei, wenn sie einer anderen Tätigkeit nachgehen und für diese Tätigkeit gem. § 6 SGB V Versicherungsfreiheit besteht.

§ 6 SGB V stellt in der gesetzlichen Krankenversicherung versicherungsfrei unter anderem:

- Arbeiter und Angestellte, deren regelmäßiges Arbeitsentgelt 75 % der Beitragsbemessungsgrenze (BBG) in der Rentenversicherung der Arbeiter und Angestellten übersteigt (sog. Jahresarbeitsentgeltgrenze).

  Da sich die Jahresarbeitsentgeltgrenze nach der BBG des § 159 SGB VI richtet und diese jährlich durch die Bundesregierung neu festgesetzt wird, ändert sich auch zu jedem Kalenderjahr die Jahresarbeitsentgeltgrenze.

  Die Werte der Jahresarbeitsentgeltgrenze für die Jahre 1997 bis 2001 finden Sie unten in Tabelle 6 auf Seite 86.

- Beamte, Richter, Soldaten auf Zeit sowie Berufssoldaten der Bundeswehr und sonstige Beschäftigte des Bundes, eines Landes, eines Gemeindeverbandes, einer Gemeinde, von öffentlich-rechtlichen Körperschaften, Anstalten, Stiftungen oder Verbänden öffentlich-rechtlicher Körperschaften oder deren Spitzenverbänden, wenn sie nach beamtenrechtlichen Vorschriften oder Grundsätzen bei Krankheit Anspruch auf Fortzahlung der Bezüge und auf Beihilfe oder Heilfürsorge haben;
- Personen, die während der Dauer ihres Studiums als ordentliche Studierende einer Hochschule oder einer der fachlichen Ausbildung dienenden Schule gegen Arbeitsentgelt beschäftigt sind;
- Lehrer, die an privaten genehmigten Ersatzschulen hauptamtlich beschäftigt sind, wenn sie nach beamtenrechtlichen Vorschriften oder Grundsätzen bei Krankheit Anspruch auf Fortzahlung der Bezüge und auf Beihilfe haben.

Es darf sich bei dieser Tätigkeit aber nicht um eine **geringfügige Tätigkeit** im Sinne des § 8 SGB IV handeln. Geringfügig ist eine selbständige Tätigkeit, wenn sie weniger als 15 Stunden in der Woche umfaßt und das Arbeitseinkommen 325,– € nicht übersteigt („Entgeltgeringfügigkeit") oder längstens zwei Monate oder 50 Tage ausgeübt wird („Zeitgeringfügigkeit"), § 8 Abs. 1 SGB IV (zur Geringfügigkeit ausführlich oben S. 50 ff.).

5. Anderweitige selbständige, nichtkünstlerische Tätigkeit (§ 5 Abs. 1 Nr. 5 KSVG)

Selbständige Künstler und Publizisten, die neben dieser Tätigkeit noch einer weiteren selbständigen, aber nichtkünstlerischen bzw. nichtpublizistischen Tätigkeit nachgehen, sind nach § 5 Abs. 1 Nr. 5 KSVG in der gesetzlichen Krankenversicherung versicherungsfrei.

Voraussetzung ist aber, daß es sich bei der nichtkünstlerischen selbständigen Tätigkeit nicht um eine nur geringfügige im Sinne des § 8 SGB IV handelt. Geringfügig ist eine selbständige Tätigkeit, wenn sie weniger als 15 Stunden in der Woche umfaßt und das Arbeitseinkommen 325,– € nicht übersteigt („Entgeltgeringfügigkeit") oder längstens zwei Monate oder 50 Tage ausgeübt wird

(„Zeitgeringfügigkeit"), § 8 Abs. 1, 3 SGB IV (zur Geringfügigkeit ausführlich oben S. 50 ff.).

6. Wehr- oder Zivildienstleistende (§ 5 Abs. 1 Nr. 6 KSVG)

Selbständige Künstler und Publizisten, die diese Tätigkeit während des Wehr- oder Zivildienstes beginnen, sind nach § 5 Abs. 1 Nr. 6 in der gesetzlichen Krankenversicherung versicherungsfrei. Sie erhalten während der Dienstzeit Heilfürsorge (§ 6 Wehrsoldgesetz bzw. § 35 Zivildienstgesetz) und sind daher bereits abgesichert.

Wurde die selbständige künstlerische oder publizistische Tätigkeit dagegen bereits vor der Einberufung ausgeübt, besteht die durch das KSVG begründete Mitgliedschaft in der Krankenkasse dagegen fort, § 193 Abs. 2, 3 SGB V.

7. Strafgefangene (§ 5 Abs. 1 Nr. 7 KSVG)

Selbständige Künstler und Publizisten sind nach § 5 Abs. 1 Nr. 7 KSVG in der gesetzlichen Krankenversicherung versicherungsfrei, wenn sie:

- sich in Untersuchungshaft befinden,
- eine Freiheitsstrafe verbüßen,
- eine freiheitsentziehende Maßnahme der Besserung und Sicherung verbüßen, oder
- einstweilig in einem psychiatrischen Krankenhaus oder einer Entziehungsanstalt untergebracht sind (§ 126 a StPO).

In diesen Fällen besteht bereits ein Anspruch auf Gesundheitsfürsorge, so daß eine weitere Absicherung nicht erforderlich ist.

8. Studierende (§ 5 Abs. 1 Nr. 8 KSVG n. F.)

Nach der neu eingefügten Regelung des § 5 Abs. 1 Nr. 8 KSVG n. F. sind Studierende versicherungsfrei in der gesetzlichen Krankenversicherung, soweit das Studium die Arbeitszeit und Arbeitskraft überwiegend in Anspruch nimmt, auch wenn nebenbei eine selbständige künstlerische oder publizistische Tätigkeit ausgeübt wird. Als Studium gilt dabei das Studium als ordentlicher Studierender einer Hochschule oder einer der fachlichen Ausbildung dienenden Schule.

Diese Regelung greift jedoch nicht, wenn das Studium nur als Nebentätigkeit und in der Haupttätigkeit eine selbständige künstlerische oder publizistische Tätigkeit ausgeübt wird. In diesem Fall bleibt es bei der Pflichtversicherung in der gesetzlichen Krankenversicherung.

IV. Übersicht: Versicherungspflicht bei zusätzlichen Tätigkeiten

Nicht wenige der selbständigen Künstler und Publizisten üben neben dieser Tätigkeit einen weiteren Beruf aus. Ob dies aus persönlichen oder finanziellen Gründen geschieht, ist für die Frage der Versicherungspflicht oder -freiheit nicht relevant. Da die Regelungen über Versicherungsfreiheit in der gesetzlichen Renten- und der Krankenversicherung nicht leicht zu überblicken sind, finden Sie im folgenden eine Übersicht mit den wichtigsten Tätigkeiten, bei denen Versicherungsfreiheit in einer der Sozialversicherungen eintritt (Zahlen für 2002, §§ sind solche des KSVG).

Art der zusätzlichen Tätigkeit	Versicherungsfreiheit in der	
	RV	KV und PflegeV
abhängige Beschäftigung, Haupttätigkeit	nur, wenn Jahreslohn über 27 000,– € (West)/ 22 500,– € (Ost); § 4 Nr. 2	+, § 5 Abs. 1 Nr. 1
abhängige Beschäftigung, Nebentätigkeit	–	–
abhängige Beschäftigung, geringfügig (bis max 630,– DM/Monat)	–	–
selbständige, nicht-künstlerische Tätigkeit (Hauptberuf)	nur, wenn Jahreseinkommen hieraus über 27 000,– € (West)/ 22 500,– € (Ost); § 4 Nr. 2	+, § 5 Abs. 1 Nr. 5

Art der zusätzlichen Tätigkeit	Versicherungsfreiheit in der	
	RV	KV und PflegeV
selbständige, nicht-künstlerische Tätigkeit (Nebenberuf)	nur, wenn Jahreseinkommen hieraus über 27 000,– € (West)/ 22 500,– € (Ost); § 4 Nr. 2	+, § 5 Abs. 1 Nr. 5
selbständige, nicht-künstlerische Tätigkeit (geringfügig)	–	–
Arbeitslosenbezüge	–	§ 5 Abs. 1 Nr. 1
Studium (Nebentätigkeit)	–	§ 5 Abs. 1 Nr. 8
Wehr- oder Zivildienst	§ 4 Nr. 7	§ 5 Abs. 1 Nr. 6

Teil 4

Befreiung von der gesetzlichen Kranken-
versicherung auf Antrag

Unter bestimmten Umständen besteht die Möglichkeit, sich auf einen besonderen Antrag hin von der Versicherungspflicht in der gesetzlichen Krankenversicherung befreien zu lassen, um eine private Krankenversicherung abzuschließen.

Dieses Antragserfordernis unterscheidet die Befreiung von der Versicherungspflicht von der Versicherungsfreiheit, die per Gesetz eintritt und die im vorigen Teil besprochen wurde.

Gem. §§ 6 und 7 KSVG steht die Möglichkeit der Befreiung von der Versicherungspflicht in der gesetzlichen Krankenversicherung zwei Gruppen offen:
- Berufsanfängern und
- Höherverdienenden.

Die Befreiung gilt zugleich für die soziale Pflegeversicherung (unten II.).

Im Falle der Befreiung erhalten sie einen Zuschuß zu den Beiträgen für die private Krankenversicherung, ggf. auch zu den Beiträgen bei einem freiwilligen Beitritt zur gesetzlichen Krankenversicherung (dazu unten III.).

Wer einer dieser Gruppen angehört, muß sich also entscheiden, welche der Versicherungen die für ihn beste Alternative bietet: eine Mitgliedschaft in einer gesetzlichen oder aber in einer privaten Krankenkasse (dazu unten IV.).

Die Befreiung von der gesetzlichen Krankenversicherung ist endgültig und kann nicht widerrufen werden! Ein Wechsel von der privaten zurück in die gesetzliche Krankenkasse ist also nicht mehr möglich, auch wenn beispielsweise das Einkommen unter die maßgebliche Grenze sinkt. Eine Ausnahme von dieser Regel eröffnet sich nach § 6 Abs. 2 KSVG nur für Berufsanfänger innerhalb einer bestimmten Frist.

I. Die Voraussetzungen für eine Befreiung

Die Befreiung von der gesetzlichen Krankenversicherung steht nur zwei Gruppen offen: Berufsanfängern und Höherverdienenden. Die Voraussetzungen für eine Befreiung wurden für beide Gruppen unterschiedlich gestaltet.

1. Erste Möglichkeit: Berufsanfänger

Der Gesetzgeber hat in § 6 KSVG Berufsanfängern die Wahl zwischen gesetzlicher und privater Krankenversicherung offengelassen, weil der Berufsstart gerade in den künstlerischen und publizistischen Branchen besondere Risiken und Unsicherheiten birgt und nicht selten in der Aufgabe des Berufes mündet. Der krankenversicherungsrechtliche Status von Berufsanfängern soll deshalb nicht zu früh und unwiderruflich festgelegt werden.

Zum Begriff des Berufsanfängers siehe oben Seite 63 ff.

a) Abschluß einer vergleichbaren privaten Kranken- und Pflegeversicherung

Voraussetzung für die Befreiung nach § 6 KSVG ist, daß der Abschluß einer privaten Krankenversicherung nachgewiesen wird, die der gesetzlichen Krankenversicherung der Art nach (nicht dem Umfang nach) vergleichbar ist und die auch die Familienmitglieder einschließt.

Der Art nach bietet die gesetzliche Krankenversicherung gem. §§ 27, 44 SGB V folgende Leistungen:

- ärztliche Behandlung einschließlich Psychotherapie als ärztliche und psychotherapeutische Behandlung,
- zahnärztliche Behandlung einschließlich der Versorgung mit Zahnersatz,
- Versorgung mit Arznei-, Verband-, Heil- und Hilfsmitteln,
- häusliche Krankenpflege und Haushaltshilfe,
- Krankenhausbehandlung,
- medizinische und ergänzende Leistungen zur Rehabilitation sowie Belastungserprobung und Arbeitstherapie,

* künstliche Befruchtung,
* Krankengeld.

Diese Leistungen muß also auch eine private Krankenversicherung erbringen, damit die KSK den Berufsanfänger von der Versicherungspflicht befreien kann.

Keine Rolle spielt dagegen, in welchem Umfang der Versicherungsschutz besteht. So ist es beispielsweise möglich, eine nur prozentuale Kostenübernahme durch die Krankenkasse zu vereinbaren.

Entscheidend ist aber außerdem, daß **auch die Familienangehörigen** in die private Krankenversicherung als Versicherte einbezogen sind, die in der gesetzlichen Krankenversicherung mitversichert wären, § 6 Abs. 1 Satz 2 KSVG. Denn auch die gesetzliche Krankenversicherung erstreckt sich auf die Familienangehörigen des Versicherten, § 10 SGB V („Familienversicherung"). Familienangehörige in diesem Sinne sind:

* der Ehepartner des Versicherten und
* dessen Kinder (einschließlich Stiefkinder und Enkel, wenn sie vom Versicherten überwiegend unterhalten werden, sowie Pflegekinder und Adoptivkinder).

Wenn **beide Ehepartner krankenversichert** sind, muß die Familie von der Krankenversicherung des Hauptverdieners mitversichert sein. Ein Künstler oder Publizist, der Hauptverdiener der Familie ist und gem. § 7 KSVG von der Versicherungspflicht befreit wird, kann hinsichtlich der Versicherung seiner Kinder daher nicht auf die Familienversicherung seiner in der gesetzlichen Krankenversicherung versicherten Ehefrau verweisen. Andernfalls könnte trotz eigener wirtschaftlicher Leistungsfähigkeit die Absicherung der Familie auf die gesetzliche Krankenversicherung und damit die Solidargemeinschaft abgewälzt werden.

b) Antragstellung und Frist

Die Befreiung von der Versicherungspflicht in der gesetzlichen Krankenversicherung muß bei der KSK beantragt werden. Die KSK verschickt auf Anfrage ein spezielles Formular (Befreiungsvordruck), auf dem die jeweilige private Krankenkasse den Versicherungsschutz bestätigen muß.

Der Antrag muß der KSK innerhalb von drei Monaten nach Feststellung der Versicherungspflicht zugehen, § 6 Abs. 1 Satz 3 KSVG. **Fristbeginn** ist der Tag, an dem der Feststellungsbescheid der KSK über das Bestehen der Versicherungspflicht bei dem Künstler bzw. Publizisten eingeht. **Fristende** ist drei Monate später (§§ 187 Abs. 1, 188 Abs. 2 BGB).

Beispiel: Ein Grafiker hat erstmalig am 1. 6. 2000 seine selbständige, künstlerische Tätigkeit aufgenommen. Er meldet sich bei der KSK mit Schreiben vom 15. 8. 2000. Der Bescheid, in dem die KSK die Versicherungspflicht nach dem KSVG feststellt, stammt vom 10. 12. 2000 und geht ihm am 13. 12. 2000 zu.

Fristbeginn ist der Tag des Zugangs, also der 13. 12. 2000. Der Antrag auf Befreiung nach § 6 KSVG muß der KSK drei Monate später zugegangen sein. Da der Tag des Zugangs nicht mitzählt, ist Fristende am 14. 3. 2001.

Die Befreiung zugunsten der privaten Krankenversicherung wirkt rückwirkend vom eigentlichen Beginn der Versicherungspflicht an. Wurden allerdings bereits Leistungen der gesetzlichen Krankenkasse erbracht, wirkt die Befreiung erst von dem Monat an, der auf die Antragstellung folgt, § 7 a Abs. 1 Satz 1 KSVG.

c) Rückkehr in die gesetzliche Krankenversicherung

Die Befreiung von der Versicherungspflicht in der gesetzlichen Krankenversicherung zugunsten einer privaten Vorsorge ist eigentlich unumkehrbar. Für Berufsanfänger gilt jedoch nach § 6 Abs. 2 KSVG eine Ausnahme: Sie können schriftlich gegenüber der KSK erklären, daß die Befreiung enden soll und sie in die gesetzliche Krankenversicherung zurückkehren.

Diese Erklärung ist dann aber endgültig, ein erneuter Wechsel ist nicht mehr möglich (soweit nicht die normalen Befreiungsmöglichkeiten des § 8 SGB V eingreifen).

Die Erklärung muß der KSK spätestens am letzten Tag der Berufsanfänger-Frist zugegangen sein. Es genügt nicht, sie am letzten Tag erst abzuschicken.

Die Versicherung in der gesetzlichen Krankenversicherung beginnt allerdings erst wieder mit Ablauf der Berufsanfänger-Frist, § 6 Abs. 2 Satz 2 KSVG. Wer als Berufsanfänger also zunächst zugunsten einer privaten Krankenversicherung befreit wurde, bleibt in jedem Fall bis zum Ablauf der Berufsanfängerzeit privat krankenversichert.

> **Beispiel:** Ein Berufsanfänger, der seine selbständige Tätigkeit am 1. 6. 2001 aufgenommen hatte und ohne Unterbrechungen fortführt, erklärt der KSK im Juli 2002 schriftlich, daß die Befreiung von der Versicherungspflicht in der gesetzlichen Krankenversicherung enden soll.
>
> Die Versicherungspflicht in der gesetzlichen Krankenversicherung lebt erst zum 31. 5. 2004 wieder auf. Bis zu diesem Datum bleibt er privat versichert, trotz seiner bereits 2002 erfolgen Mitteilung an die KSK.

2. Zweite Möglichkeit: Höherverdienende

Nach § 7 KSVG kann auf Antrag von der Versicherungspflicht in der gesetzlichen Krankenversicherung befreit werden, wer ein gewisses, über dem Durchschnitt liegendes Mindesteinkommen erzielt. Anders als Berufsanfänger nach § 6 KSVG müssen diese Höherverdienenden keine private Krankenversicherung nachweisen. Wenn sie sich aber bei einer privaten oder freiwillig bei einer gesetzlichen Krankenkasse versichern, steht auch ihnen ein Zuschuß zu den gezahlten Beiträgen zu (unten c).

a) Wer ist höherverdienend?

Voraussetzung der Befreiung von der Versicherungspflicht in der gesetzlichen Krankenversicherung nach § 7 KSVG ist, daß in drei aufeinanderfolgenden Jahren ein Arbeitseinkommen erzielt wird, welches im Durchschnitt dieser drei Jahre über der Jahresarbeitsentgeltgrenze des § 6 Abs. 1 SGB V liegt.

Die Jahresarbeitsentgeltgrenze (JAE) der gesetzlichen Krankenversicherung ist ein statistischer Wert, der auf das durchschnittliche Einkommen in der gesetzlichen Rentenversicherung Bezug nimmt, ausgedrückt in der Beitragsbemessungsgrenze (BBG) der Rentenversicherung. Die JAE beträgt 75 % dieser BBG.

Bis zum Jahr 2000 galten zwischen den neuen und den alten Bundesländern jeweils unterschiedliche Werte. Seit dem 1. 1. 2001 gilt bundesweit nur noch eine einheitliche JAE. Die folgende Tabelle zeigt die JAE der Jahre 1997 bis 2001:

	Jahresarbeitsentgeltgrenze gem. § 6 Abs. 1 Nr. 1 SGB V (jährlich in DM)	Jahresarbeitsentgeltgrenze (Ost) gem. § 309 SGB V (jährlich in DM)
1997	73 800,00	63 900,00
1998	75 600,00	63 000,00
1999	76 500,00	64 800,00
2000	77 400,00	63 900,00
2001	78 300,00	78 300,00

Tab. 6: Jahresarbeitsentgeltgrenze für die gesetzl. KV (in DM)

Da die Einkommen in den künstlerischen und publizistischen Branchen von Jahr zu Jahr stark schwanken können, zählt für die Befreiungsmöglichkeit der **Durchschnitt dreier zusammenhängender Jahre.** Voraussetzung ist daher, daß das tatsächliche Arbeitseinkommen aus der künstlerischen oder publizistischen Tätigkeit in der Summe aus den vergangenen drei Jahren die Summe der Jahresarbeitsentgeltgrenzen dieser Jahre übersteigt. Es muß also nicht in jedem der drei Jahre die Grenze überschritten worden sein.

Zur Übersicht ist das Mindestarbeitseinkommen der Dreijahreszeiträume von 1995 bis 2001 tabellarisch dargestellt:

	3-Jahres-Mindesteinkommen zur Befreiung nach § 7 KSVG (in DM)	3-Jahres-Mindesteinkommen zur Befreiung nach § 7 KSVG (Ost) (in DM)
1995–97	226 000,–	182 700,–
1996–98	221 400,–	188 100,–
1997–99	225 900,–	191 700,–
1998–2000	229 500,–	191 700,–
1999–2001	232 200,–	207 000,–

Tab. 7: Mindesteinkommen für die Befreiung gem. § 7 KSVG (in DM)

> **Beispiel:** Ein freier Fernsehautor in Brandenburg hatte im Jahr 1998 ein Verdienst von 75 000,– DM, 1999 von 45 000,– DM und 2000 von 80 000,– DM, zusammen also DM 200 000,– DM. Die Jahresarbeitsentgeltgrenze (Ost) lag 1998 bei 63 000,– DM, 1999 bei 64 800,– DM und 2000 bei 63 900,– DM; zusammengerechnet also bei 191 700,– DM.
>
> Die Summe des Arbeitseinkommens liegt damit über den JAEn des gleichen Zeitraumes. Der Autor konnte bis zum 31. 3. 2001 Antrag auf Befreiung nach § 7 KSVG stellen.

Wer seinen Wohnsitz vor dem Jahr 2001 von den neuen in die alten Bundesländer oder umgekehrt verlagert hat, muß die unterschiedliche Jahresarbeitsentgeltgrenze zwischen West- und Ostdeutschland beachten. Gem. § 7 Abs. 1a KSVG errechnet sich die Jahresarbeitsentgeltgrenze für das Kalenderjahr, in dem der Umzug stattfand, jeweils anteilsmäßig.

> **Beispiel:** Der Fernsehautor aus dem vorigen Beispiel ist zum 1. Mai 2000 von Nordrhein-Westfalen nach Brandenburg gezogen. Die JAE für 2000 errechnet sich für ihn zu $4/12$ nach der JAE (West) und zu $8/12$ nach der JAE (Ost), also 25 800,– + 42 600,– = 68 400,– DM.

b) Abschluß einer vergleichbaren privaten Krankenversicherung

Höherverdienende können u. a. wählen, ob sie unter den Voraussetzungen des § 9 SGB V freiwilliges Mitglied der gesetzlichen Krankenversicherung werden oder ob sie eine private Krankenversicherung abschließen.

Soweit sie die private Krankenversicherung wählen und den Zuschuß zu den Versicherungsbeiträgen in Anspruch nehmen wollen, muß die private Krankenversicherung aber – wie schon bei den Berufsanfängern – solche Vertragsleistungen gewähren, die in ihrer Art den Leistungen der gesetzlichen Krankenversicherung entsprechen, § 10 Abs. 2 Satz 1 KSVG (hierzu im einzelnen oben S. 82f.).

c) Antragstellung und Frist

Der Antrag auf Befreiung von der Versicherungspflicht in der gesetzlichen Krankenversicherung kann **nur bis zum 31.3.** des Jahres gestellt werden, welches dem oben geschilderten Dreijahreszeitraum folgt, § 7 Abs. 2 KSVG.

Beispiel: Der Fernsehautor im obigen Beispiel hat im Durchschnitt der Jahre 1998–2000 die Jahresarbeitsentgeltgrenze überschritten. Er kann daher nur bis zum 31. 3. 2001 den Antrag auf Befreiung nach § 7 KSVG stellen.

Stellt er den Antrag nicht und erreicht durch das Einkommen im Jahr 2001 die notwendige Grenze des § 7 KSVG nicht mehr, ist eine Befreiung nachträglich nicht möglich. Für eine Befreiung nach § 7 KSVG kommt es nun auf das Einkommen der Jahre 1999–2001 an.

Die Befreiung von der Versicherungspflicht ist **unwiderruflich**. Ein Wiederaufleben der ursprünglichen Versicherungspflicht ist nicht möglich. Dies gilt auch, wenn das Durchschnittseinkommen nach der Befreiung konstant unterhalb der Jahresarbeitsentgeltgrenze bleibt.

II. Die Befreiung von der sozialen Pflegeversicherung

Wer nach §§ 6 oder 7 KSVG von der Versicherungspflicht in der gesetzlichen Krankenversicherung befreit wurde, ist damit per Gesetz – und deshalb ohne weiteren Antrag – in der sozialen Pflegeversicherungversicherungsfrei, § 5 Abs. 2 KSVG.

Wer jedoch eine private Krankenversicherung abschließt, ist gem. § 23 SGB XI verpflichtet, auch eine private Pflegeversicherung abzuschließen.

Wer nach einer Befreiung als Höherverdienender freiwilliges Mitglied der gesetzlichen Krankenversicherung wird, ist damit zugleich pflichtversichert in der sozialen Pflegeversicherung, § 20 Abs. 3 SGB XI. Er kann sich aber innerhalb von drei Monaten nach Beginn der Versicherungspflicht zugunsten einer privaten Pflegeversicherung befreien lassen; hierzu ist ein fristgemäßer Antrag bei der Pflegekasse erforderlich, § 22 SGB XI.

III. Der Beitragszuschuß

Wer nach §§ 6 oder 7 KSVG von der Versicherungspflicht befreit wurde, hat einen Anspruch auf Zuschuß zu seinen Beiträgen für die private Krankenversicherung bzw. für die freiwillige Mitgliedschaft in der gesetzlichen Krankenversicherung, § 10 KSVG. Gleiches gilt gem. § 10 a KSVG für die Beiträge zur privaten Pflegeversicherung.

1. Antragstellung und Frist

Der Zuschuß zu den Beiträgen wird nur auf einen gesonderten **Antrag** hin gezahlt, der bei der KSK zu stellen ist, §§ 10, 10 a KSVG.

Besondere **Fristen** für den Antrag auf Zahlung des Zuschusses stellt das KSVG nicht auf. Dennoch ist der Zeitpunkt der Antragstellung entscheidend für den Beginn der Zahlung. Hier unterscheidet das Gesetz zwischen Berufsanfängern und Höherverdienenden:

Für **Berufsanfänger** beginnt der Anspruch auf den Zuschuß rückwirkend mit dem Kalendermonat, in dem die erstmalige Meldung iSd § 11 Abs. 1 KSVG erfolgt ist, § 10 Abs. 2 Satz 4 KSVG.

Für **Höherverdienende** dagegen entsteht der Anspruch erst mit dem auf den Antrag folgenden Monat, § 10 Abs. 2 Satz 5 KSVG. Die Zuschüsse werden hier also nicht rückwirkend gezahlt!

Beispiel: Ein Kameramann beantragt im Februar die Befreiung von der Versicherungspflicht als Höherverdienender nach § 7 KSVG und schließt zugleich eine private Kranken- und Pflegeversicherung ab. Im folgenden Juli beantragt er einen Beitragszuschuß.

Der Anspruch auf einen Beitragszuschuß nach § 10 Abs. 2 KSVG besteht erst ab dem Folgemonat der Antragstellung, also ab August. Hätte er den Zuschuß gleich im Februar gestellt, wäre ihm der Zuschuß bereits ab diesem Zeitpunkt und damit lückenlos zugute gekommen.

Die KSK hält ein Antragsformular zur Befreiung von der Krankenversicherungspflicht bereit, auf dem gleichzeitig der Beitragszuschuß beantragt werden kann.

---

2. Das zweistufige Zuschußverfahren

Das Verfahren der Zuschußberechnung verläuft in zwei Stufen. Einem vorläufigen Zuschuß folgt nach Abschluß des Kalenderjahres die Festsetzung der endgültigen Zuschußhöhe.

a) Vorläufiger Beitragszuschuß

Zunächst wird ein **vorläufiger Beitragszuschuß** für das ganze Kalenderjahr berechnet. Hier muß unterschieden werden, ob eine private Krankenversicherung abgeschlossen oder die freiwillige Mitgliedschaft in der gesetzlichen Krankenversicherung gewählt wurde.

aa) Bei Abschluß einer privaten Krankenversicherung: Wenn eine private Krankenversicherung abgeschlossen wurde, orientiert sich dieser vorläufige Zuschuß am durchschnittlichen allgemeinen Beitragssatz der Krankenkassen des Vorjahres (§ 10 Abs. 2 Satz 1 KSVG). Jedoch wird nicht mehr als die Hälfte der tatsächlich zu leistenden Beiträge gezahlt.

Beispiel: Grafiker A hat als Höherverdienender eine private Krankenversicherung mit monatlichen Beiträgen von 250,– € abgeschlossen. Der durchschnittliche allgemeine Beitragssatz lag im Vorjahr bei 13,5 %.

(a) JAE 2002 = 40 500,– €
(b) monatliche Höchstgrenze = 3375,– €
(c) monatl. Beitrag zur KV = 3375 × 13,5 % = 455,62 €
(d) monatl. Zuschuß = 455,62 ⁄ 2 = 227,81 €

Höchstens wird jedoch die Hälfte der tatsächlichen Beiträge (hier 250,– € ⁄ 2 = 125,– €) gezahlt. Da dieser Wert unter dem ersten liegt, erhält der Grafiker einen Zuschuß von monatlich 125,– €.

Der monatliche **Beitragszuschuß wird gemindert**, wenn ein Künstler bzw. Publizist bei Mitgliedschaft in der gesetzlichen Krankenversicherung keinen Anspruch auf Krankengeld hätte. In diesem Fall sind bei der Zuschußberechnung $9/10$ des oben genannten Beitragssatzes zugrunde zu legen, § 10 Abs. 2 Satz 3 KSVG. Der Grund liegt in den Regelungen der §§ 243 Abs. 1, 257 Abs. 2 Satz 3 SGB V, wonach sich die Beitragssätze für Mitglieder und auch die Zuschüsse für freiwillig versicherte Beschäftigte reduzieren, wenn kein Anspruch auf Krankengeld besteht.

bb) Bei freiwilliger Mitgliedschaft in der gesetzlichen Krankenversicherung: Wer als Höherverdienender nach § 7 KSVG befreit wurde, kann auch freiwilliges Mitglied der gesetzlichen Krankenkasse werden. In diesem Fall richtet sich der vorläufige Zuschuß nach den Tarifen der gesetzlichen Krankenkasse (§ 10 Abs. 1 Satz 1 KSVG). Auch hier wird nicht mehr als die Hälfte der tatsächlich zu zahlenden Beiträge geleistet.

b) Endgültiger Beitragszuschuß

Nach Abschluß des Kalenderjahres wird der **endgültige Zuschuß** berechnet. Hierfür ist das in dem Kalenderjahr tatsächlich erzielte Jahresarbeitseinkommen maßgeblich, § 10 Abs. 1 Satz 3, Abs. 2 Satz 6 KSVG.

Damit die Berechnung der Zuschüsse erfolgen kann, müssen bestimmte Melde- und Nachweispflichten eingehalten werden.

c) Jährliche Meldepflichten

Drei Melde- bzw. Nachweistermine müssen Zuschußberechtigte beachten:

- Nachweis der tatsächlich im Vorjahr an die Krankenversicherung gezahlten Beiträge: bis zum 31. 5. des Folgejahres
- Meldung des im Vorjahr tatsächlich erzielten Jahresarbeitseinkommens: bis zum 31. 5. des Folgejahres (nur, wenn keine Versicherung nach dem KSVG in der gesetzlichen RV besteht, § 10 Abs. 1 Satz 3, Abs. 2 Satz 6 KSVG)
- Meldung des voraussichtlichen Jahresarbeitseinkommens im nachfolgenden Jahr: bis zum 1. 12. des jeweiligen Vorjahres

Der Nachweis der tatsächlich an die Krankenversicherung gezahlten Beiträge erfolgt durch eine entsprechende Bescheinigung der jeweiligen Krankenkasse.

Ihre jährlichen Meldepflichten als Zuschußberechtigte(r):

Bis zum 31. 5. eines Jahres:

- tatsächlich gezahlte Beiträge zur privaten KV des Vorjahres nachweisen,
- tatsächliches Jahresarbeitseinkommen des Vorjahres melden (nur, wenn Sie nach dem KSVG nicht in der gesetzlichen RV versichert sind).

Bis zum 1. 12. eines Jahres:

- das voraussichtliche Arbeitseinkommen des Folgejahres melden.

Wer diese **Meldungen unterläßt**, verliert seinen Anspruch auf Beitragszuschuß, bis die Meldung nachgeholt wird, § 12 Abs. 2 KSVG.

Der Anspruch lebt erst im übernächsten Monat nach dem Monat wieder auf, in dem die Meldung nachgeholt wurde, § 12 Abs. 2 KSVG.

> **Beispiel:** Ein über die KSK Versicherter, der nach § 6 KSVG von der Versicherungspflicht in der gesetzlichen Krankenversicherung befreit wurde, vergißt die Meldung des tatsächlichen Jahreseinkommens und der an die private Krankenversicherung gezahlten Beiträge zum 31. 5. 2001. Erst am 9. 8. 2001 holt er dies nach.
>
> Er hat für die Monate Januar bis September keinen Anspruch auf Beitragszuschuß nach § 10 KSVG. Denn erst im übernächsten Monat nach der Meldung lebt dieser Anspruch wieder auf, § 12 Abs. 2 KSVG.
>
> Den Zuschuß erhält er deshalb ab Oktober 2001.

3. Zuschuß zu den Beiträgen einer privaten Pflegeversicherung

Wer als Berufsanfänger oder Höherverdienender zugunsten einer privaten Krankenversicherung von der Versicherungspflicht in der gesetzlichen Krankenversicherung befreit wurde, ist gem. § 5 Abs. 2 KSVG in der sozialen Pflegeversicherung versicherungsfrei.

Allerdings müssen sich privat Krankenversicherte gem. § 23 Abs. 2 SGB XI zugleich gegen das Risiko der Pflegebedürftigkeit absichern. Zu den Beiträgen dieser privaten Pflegeversicherung erhalten sie gem. § 10 a Abs. 2 KSVG jedoch einen Zuschuß, der sich ähnlich wie der Zuschuß zur privaten Krankenversicherung berechnet.

Der Anspruch auf Beitragszuschuß besteht jedoch nur, wenn die private Pflegeversicherung Leistungen erbringt, die in **Art und Umfang** den Leistungen der sozialen Pflegeversicherung nach SGB XI vergleichbar sind, § 10 a Abs. 2 Satz 1 KSVG. Außerdem müssen bestimmte gesetzliche **Anforderungen an das private Versicherungsunternehmen** erfüllt sein, die in § 257 Abs. 2 a bis 2 c SGB V beschrieben werden, § 10 a Abs. 2 Satz 4 KSVG. Sie betreffen etwa die Bildung von Rücklagen durch das Unternehmen.

IV. Private oder gesetzliche Krankenversicherung?

Pauschal läßt sich diese Frage nicht beantworten. Wer die seinen Bedürfnissen am besten entsprechende Lösung finden möchte, muß sowohl ein Verständnis der unterschiedlichen Funktionsweise von gesetzlicher und privater Krankenkasse bekommen als auch einen Leistungsvergleich zwischen verschiedenen individuellen Angeboten durchführen. Im folgenden werden anhand einiger Stichworte die prinzipiellen **Unterschiede** zwischen gesetzlicher und privater Krankenversicherung erläutert, aus denen sich bereits Folgen für Leistungsangebot und Beitragsbemessung ergeben.

Der augenfälligste und grundlegendste Unterschied liegt in dem **Solidaritätsprinzip der gesetzlichen Krankenversicherung**. Die Beiträge bemessen sich bei ihr nach der wirtschaftlichen Leistungsfähigkeit des Versicherten, also nach seinem Einkommen (§ 3 SGB V). Versicherte mit geringem Einkommen zahlen geringe Beiträge, solche mit hohem Einkommen höhere Beiträge. Gleichzeitig ergeben sich aus der Beitragsbemessungsgrenze monatliche Höchstbeiträge, welche die Beitragsbelastung des Versicherten begrenzen. Beide erhalten aber exakt die gleiche Leistung. Innerhalb der gesetzlichen Krankenversicherung unterstützen die gut Verdienenden also die Einkommensschwachen, die Kinderlosen die Kinderreichen, die Jungen die Alten. Die Beiträge sind dabei so zu bemessen, daß sie insgesamt die im Haushaltsplan der Krankenkasse vorgesehenen Ausgaben decken, § 220 Abs. 1 SGB V.

Anders bei der privaten Krankenversicherung. Die Beiträge richten sich allein nach dem individuellen Versicherungsrisiko, also dem jeweiligen Krankheitsrisiko (**Äquivalenzprinzip der privaten Krankenversicherung**). Die Beiträge richten sich nicht nach dem Einkommen des Versicherten. Es findet auch keine sozialpolitisch motivierte Umverteilung unter den Versicherten statt, das Solidaritätsprinzip gilt hier nicht. Folge: Die Beiträge steigen mit zunehmendem Alter aufgrund der steigenden Kosten für altersbedingte Krankheiten.

Für die Beitragsbelastung relevant ist außerdem der Umstand, daß Familienmitglieder gem. § 10 SGB V in der gesetzlichen Krankenversicherung – ohne zusätzliche Beiträge – mitversichert sind (sog. **Familienversicherung**). Eine vergleichbare Mitversicherung fehlt bei der privaten Krankenversicherung, hier muß für jedes Familienmitglied ein eigener Vertrag mit entsprechenden Beiträgen abgeschlossen werden.

Die gesetzliche Krankenversicherung bietet allen Versicherten die gleichen Leistungen, unabhängig von der Beitragshöhe. Von diesem gesetzlich durch §§ 11 ff. SGB V vorgeschriebenen **Leistungskatalog** darf die gesetzliche Krankenkasse nicht abweichen. In einem privaten Versicherungsvertrag können hingegen individuelle Risiken versichert oder vom Versicherungsschutz ausgenommen werden, das Leistungspaket läßt sich so nach den individuellen Bedürfnissen und finanziellen Möglichkeiten zusammenstellen. Die Regelungen des SGB V finden auf private Versicherungsverträge keine Anwendung, Rahmenbedingungen stellt allein das Versicherungsvertragsgesetz (VVG) auf, welches für alle privaten Versicherungsverträge gilt und u. a. für Personenversicherungen wie die Krankenversicherung allgemeine Regeln aufstellt.

gesetzliche Krankenversicherung	private Krankenversicherung
Solidaritätsprinzip	Prinzip der Äquivalenz von Risiko und Beitragshöhe
Abschlußzwang	kein Abschlußzwang der Kranken kasse (Privatautonomie)
Beitragsbemessungsgrenze	keine Beitragsbemessungsgrenze
standardisiertes Leistungspaket	individuelle Auswahl der Versicherungsrisiken und Leistungen
Sachleistungsprinzip	Kostenerstattungsprinzip
Familienversicherung	keine kostenfreie Familienversicherung

Tab. 8: Unterschiede zwischen der gesetzlichen und der privaten Krankenversicherung

Jede Krankenkasse hat ein wirtschaftliches Interesse daran, leistungsstarke Personen mit einem geringen Versicherungsrisiko als

Versicherte zu gewinnen. Die privaten Versicherungen können aufgrund der **Privatautonomie** den Abschluß von Versicherungsverträgen ablehnen, wenn ihnen das wirtschaftliche Risiko zu groß erscheint, oder den Abschluß von entsprechend hohen Beiträgen abhängig machen. Vor Abschluß einer Krankenversicherung sind deshalb umfangreiche Fragenkataloge zu beantworten, anhand derer die Krankenkasse das jeweilige Versicherungsrisiko bewertet. Eine falsche Beantwortung dieser Fragen kann zum nachträglichen Versicherungsausschluß führen!

Die gesetzlichen Krankenkassen hingegen können keinen Versicherten als Pflichtmitglied ablehnen, § 175 Abs. 1 Satz 2 SGB V (**Kontrahierungszwang**). Allerdings sind die Möglichkeiten stark beschränkt, von der privaten (zurück) in die gesetzliche Krankenversicherung zu wechseln. Andernfalls könnte im Alter der Schutz der dann wieder verhältnismäßig günstigeren gesetzlichen Krankenkasse gesucht werden, was zu einer höheren Belastung der anderen Versicherten führen würde.

Gesetzliche und private Krankenversicherung unterscheiden sich auch in dem **System der Leistungsabrechnung**. Die gesetzlichen Krankenkassen erbringen hauptsächlich Sachleistungen. Der Versicherte zahlt dabei für die ärztliche Behandlung oder für Medikamente – außer dem Selbstbehalt – nichts, die Abrechnung der Leistungen erfolgt allein zwischen Krankenkasse und Leistungserbringer, also beispielsweise dem behandelnden Arzt. Bei der privaten Krankenversicherung gilt hingegen weithin die Kostenerstattung. Dabei ist der Versicherte gegenüber dem Arzt zahlungspflichtig, er erhält die Kosten aber von der Krankenkasse ersetzt.

Im Zuge der Reform des Gesundheitswesens wurden einige Elemente der privaten Krankenversicherung in die gesetzliche übernommen: Vereinzelt erfolgt die Abrechnung nach dem Kostenerstattungsprinzip, es gibt Möglichkeiten der Beitragsrückerstattung, wenn Leistungen nicht in Anspruch genommen wurden, und für erbrachte Leistungen wurde ein Selbstbehalt eingeführt. Zur Kostensenkung wurden auch die Möglichkeiten der Vorbeugung stark beschnitten. Außerdem haben Versicherte ein Wahlrecht zwischen den gesetzlichen Krankenkassen. Sie können diejenige Krankenkasse wählen, die ihren Ansprüchen am weitesten entgegenkommt. Bedeutsames Auswahlkriterium ist entsprechend der jeweilige Beitragssatz: Er reicht von ca. 11,5 % bei der günstigsten bis zu ca. 14,5 % bei der teuersten Krankenkasse.

V. Hinweise zum Ausfüllen des Befreiungs-Antrags

Wer sich als Berufsanfänger oder Höherverdienender zugunsten einer **privaten** Krankenversicherung von der Versicherungspflicht in der gesetzlichen Krankenversicherung befreien lassen möchte, muß hierfür einen besonderen Antrag ausfüllen („Befreiungsvordruck"). Anhand der dort zu machenden Angaben überprüft die KSK, ob die Voraussetzungen der §§ 6 bzw. 7 KSVG für eine Befreiung erfüllt sind.

Das Befreiungsformular untergliedert sich in fünf Abschnitte:
- Angaben zur Person
- Berufsanfänger
- Höherverdienende
- Angaben des Antragstellers zu Familienangehörigen
- Bestätigung durch das Versicherungsunternehmen

1. Angaben zur Person

Hier sind außer dem Namen und der Versicherungsnummer in der Sozialversicherung keine weiteren Angaben zu machen. Die Versicherungsnummer finden Sie in ihrem Sozialversicherungsausweis oder in Ihren Unterlagen der Rentenversicherung.

2. Berufsanfänger

Berufsanfänger können in diesem Abschnitt durch Ankreuzen drei Anträge stellen:
- Antrag auf Befreiung von der gesetzlichen Krankenversicherung;
- Antrag auf Bezuschussung der privaten Krankenversicherung, wenn gewünscht;
- Antrag auf Bezuschussung der privaten Pflegeversicherung, wenn gewünscht.

Die Zuschußhöhe beträgt maximal die Hälfte der von Ihnen für die private Versicherung aufgewendeten Beiträge. Deshalb ist im Antrag von dem privaten Versicherungsunternehmen auch die Höhe der von Ihnen gezahlten Beiträge zu bestätigen (dazu unten 5).

Die Befreiung von der gesetzlichen zugunsten einer Krankenversicherung gilt nach § 5 Abs. 2 Nr. 2 automatisch auch für die soziale Pflegeversicherung. Allerdings ist hier der Abschluß einer privaten Pflegeversicherung durch § 23 SGB XI zwingend vorgeschrieben.

3. Höherverdienende

Auch Höherverdienende müssen die Befreiung von der Versicherungspflicht und, wenn gewünscht, die Bezuschussung der Versicherungsbeiträge beantragen.

a) Antrag auf Befreiung

Zunächst ist durch Ankreuzen die Befreiung von der gesetzlichen Krankenversicherung zu beantragen. Anders als Berufsanfänger müssen Höherverdienende keine private Krankenversicherung nachweisen!

Die Befreiung für Höherverdienende ist jedoch an gewisse Einkommensgrenzen gebunden (dazu ausführlich oben S. 85 ff.). Deshalb muß das Jahreseinkommen der **vergangenen drei Kalenderjahre** angeben werden.

Achtung: Der Antrag ist **nur bis zum 31. 3.** des Jahres möglich, das auf den maßgeblichen 3-Jahres-Zeitraum folgt (§ 7 Abs. 2 KSVG)! Dabei zählt der Zugang des Antrags bei der KSK. Das reine Absenden innerhalb der Frist genügt nicht.

Die Summe des Einkommens in diesen drei Jahren muß über der Summe der Jahresarbeitsentgeltgrenzen liegen, welche in den entsprechenden Jahren galten. Die maßgeblichen Werte erfahren Sie bei der KSK oder den Krankenversicherungsträgern.

Eine Beispielsrechnung finden Sie auf Seite 87.

Als jeweiliges Einkommen eines Kalenderjahres ist allein das Arbeitseinkommen aus der selbständigen künstlerischen bzw.

publizistischen Tätigkeit anzugeben. Einkünfte aus anderen Tätigkeiten dürfen nicht hinzugerechnet werden!

Zur Berechnung des Arbeitseinkommens (Betriebseinnahmen abzüglich Betriebsausgaben) siehe oben S. 56 ff.

b) Antrag auf Beitragszuschuß

Höherverdienende müssen für eine Befreiung von der Versicherungspflicht in der gesetzlichen Krankenversicherung keine private Versicherung abschließen. Soweit sie dies aber tun oder **freiwilliges** Mitglied der gesetzlichen Krankenversicherung werden, haben sie einen Anspruch auf einen Zuschuß zu den Beiträgen sowohl für die Kranken- als auch die Pflegeversicherung.

Entsprechend müssen Höherverdienende durch Ankreuzen folgende Anträge stellen:

- Antrag auf Beitragszuschuß zur Krankenversicherung (§ 10 KSVG), wenn gewünscht;
- Antrag auf Beitragszuschuß zur Pflegeversicherung (§ 10 a KSVG), wenn gewünscht.

Die Berechnung der Zuschußhöhe bestimmt sich danach, ob eine private Krankenversicherung besteht, oder ob die freiwillige Mitgliedschaft in der gesetzlichen Krankenversicherung gewählt wurde. Deshalb ist in einem Unterpunkt anzugeben, welche der Alternativen gewählt werden soll:

- freiwillige Mitgliedschaft in der gesetzlichen Krankenversicherung: dann muß nur eine Bescheinigung über die Höhe der Beiträge zur Kranken- und zur Pflegeversicherung beigefügt werden;
- private Krankenversicherung: in diesem Fall müssen weitere Angaben gemacht werden (unten 4 und 5).

4. Angaben zu den Familienangehörigen

Die private Krankenversicherung muß auch die Familienangehörigen des Versicherten umfassen, § 6 Abs. 1 Satz 2 KSVG.

Sind bei Eheleuten beide krankenversichert, muß die Familie von der Versicherung des Hauptverdieners mit umfaßt sein. Die Versicherung der Familienmitglieder wird von der KSK nur bezuschußt, wenn der versicherte Künstler bzw. Publizist der Hauptverdiener ist. Soweit ein Beitragszuschuß für die Versicherung der Familienmitglieder beantragt wird, muß daher auch das Einkommen des Ehepartner mit angegeben werden.

5. Bestätigungen der privaten Krankenkasse

Die private Krankenversicherung muß Leistungen erbringen, die in ihrer Art (nicht im Umfang) nach mit den Leistungen der gesetzlichen Krankenversicherung bei Krankheit vergleichbar sind, § 6 Abs. 1 KSVG.

Der Zuschuß zur privaten Pflegeversicherung wird nur gezahlt, wenn die Versicherung Leistungen erbringt, die in Art und Umfang der sozialen Pflegeversicherung vergleichbar sind, § 10 a Abs. 2 Satz 1 KSVG.

Außerdem muß das jeweilige Versicherungsunternehmen noch bestimmten gesetzlichen Mindestanforderungen gerecht werden, § 10 Abs. 2 Satz 6 KSVG.

All diese Angaben sind von der Kranken- und Pflegekasse auf dem Befreiungsformular zu bestätigen. Außerdem muß die Versicherung angeben, wie hoch die monatlichen Beiträge für die Kranken- und die Pflegeversicherung sind.

Teil 5

Umfang des Versicherungsschutzes und Beitragsberechnung

Das KSVG bestimmt, wann Künstler und Publizisten versicherungspflichtig sind. Es sagt aber nichts über den Umfang des Versicherungsschutzes. Diese Fragen – welche Leistungen können beansprucht werden, wer kommt hierfür auf? – richten sich nach den Bestimmungen des Sozialgesetzbuches (SGB). Sie sollen überblickartig im folgenden erläutert werden.

> **Achtung:** In keinem Fall ist für Fragen der Versicherungsleistungen die KSK zuständig! Die KSK trifft allein Feststellungen über den Beginn und das Ende der Versicherungspflicht nach dem KSVG. Die Abwicklung der Versicherungsverträge obliegt nur dem jeweiligen Versicherungsträger.

Im allgemeinen besteht nach dem KSVG die Versicherungspflicht in der gesetzlichen Renten- und Krankenversicherung sowie der sozialen Pflegeversicherung. Es gibt aber auch **Ausnahmen** von dieser Versicherungspflicht: Unter gewissen Voraussetzungen tritt Versicherungsfreiheit in der gesetzlichen Rentenversicherung, der gesetzlichen Krankenversicherung oder zugleich in allen drei Zweigen der Sozialversicherung ein. Diesen Ausnahmen widmet sich ausführlich Teil 3.

I. Die Leistungen der gesetzlichen Rentenversicherung

Die Rentenversicherung verfolgt zwei verschiedene Zielrichtungen: einmal die Zahlung von Renten wegen Erreichens der Altersgrenze, wegen (dauerhaft) verminderter Erwerbsfähigkeit und wegen Todes (Hinterbliebenenversorgung). Daneben leistet die Rentenversicherung aber auch Maßnahmen zur Rehabilitation. Für die Rentenkassen steht die Rehabilitation im Vordergrund, da der Versicherte bei erfolgreicher Behandlung wieder in das Erwerbsleben zurückkehrt und damit nicht Rentenempfänger wird, sondern Beitragszahler bleibt.

a) Maßnahmen zur Rehabilitation

Die Maßnahmen zur **Rehabilitation** (§§ 9 ff. SGB VI) dienen dem Erhalt der Erwerbsfähigkeit. Rehabilitation umfaßt zum einen medizinische Leistungen wie ärztliche Behandlung, Medikamente, Krankengymnastik, Sprachtherapie oder stationäre Unterbringung. Daneben stehen berufsfördernde Maßnahmen, beispielsweise Berufsvorbereitung oder berufliche Weiterbildung. Hinzu kommen ergänzende Leistungen wie Haushaltshilfen oder Reisekosten und sonstige Leistungen, etwa Nachkuren.

Kann der Versicherte während einer vom Rentenversicherungsträger bewilligten Rehabilitationsmaßnahme keiner ganztägigen Erwerbstätigkeit nachgehen, hat er unter Umständen Anspruch auf ein **Übergangsgeld**, §§ 20 ff. SGB VI. Die Höhe des Übergangsgeldes richtet sich nach den tatsächlich geleisteten Beiträgen in dem Kalenderjahr, welches dem Beginn der Reha-Maßnahme vorausging. Andererseits soll das Übergangsgeld die wirtschaftliche Belastung einer Reha-Maßnahme mindern und hat deshalb eine Einkommensersatzfunktion. Wer deshalb vor Eintritt der Erwerbsunfähigkeit bzw. dem Beginn der Maßnahme kein Einkommen hatte, hat bei einer stationären medizinischen Rehabilitation keinen Anspruch auf ein Übergangsgeld, § 20 Abs. 1 Nr. 3 a SGB VI.

Maßnahmen der Rehabilitation haben Vorrang vor Rentenzahlungen. Der Versicherte ist deshalb verpflichtet, an der Rehabilitation aktiv mitzuwirken, § 9 SGB VI.

b) Rentenleistungen

Rentenzahlungen leistet die Rentenkasse in **drei Versicherungsfällen**: Alter, verminderte Erwerbsfähigkeit und Tod (Hinterbliebenenversorgung). Der Rentenanspruch besteht nur bei der Erfüllung einer bestimmten Wartezeit. Die erforderlichen Wartezeiten reichen von 5 Jahren (für die Regelaltersrente) bis zu 35 Jahren, § 50 SGB VI. Als Wartezeiten gelten Beitragszeiten (also Kalendermonate, in denen Beiträge in die Rentenkasse geleistet wurden), beitragsfreie Zeiten (etwa wegen eines Ersatzdienstes) und Berücksichtigungszeiten bei der Erziehung eines Kindes bis zum vollendeten 10. Lebensjahr.

Die **Höhe des Rentenanspruchs** hängt gem. §§ 63, 64 SGB VI hauptsächlich von drei Faktoren ab:

- der Höhe des Arbeitseinkommens,
- dem Rentenartfaktor und
- dem Rentenwert.

Keinen direkten Einfluß hat die Höhe der in die Rentenkasse gezahlten Beiträge. Maßgeblich ist vielmehr das erwirtschaftete versicherte Arbeitseinkommen.

> **Achtung:** Da das Arbeitseinkommen direkten Einfluß auf die Rentenhöhe hat, kommt den jährlichen Meldungen des Arbeitseinkommens nach § 12 Abs. 1 KSVG große Bedeutung zu. Werden zu niedrige Werte angegeben, um die monatliche Beitragsbelastung gering zu halten, führt dies zu niedrigeren Rentenansprüchen!

c) Versicherungsträger

Versicherungsträger der gesetzlichen Rentenversicherung ist für selbständige Künstler und Publizisten die Bundesversicherungsanstalt für Angestellte (BfA) in Berlin (Kontaktadresse im Anhang C).

II. Die Leistungen der gesetzlichen Krankenversicherung

Die gesetzliche Krankenversicherung verfolgt drei Ziele: Vorbeugung, Früherkennung und Behandlung von Krankheiten. Entsprechend haben die Versicherten Anspruch auf Maßnahmen zur vorbeugenden Gesundheitsförderung, zur Früherkennung und zur Behandlung von Krankheiten. Soweit die Krankheit aufgrund von Arbeitsunfähigkeit zu einem Einkommensverlust führt, besteht außerdem Anspruch auf Krankengeld.

a) Vorbeugung, Früherkennung und Behandlung von Krankheiten

Die Vorbeugung von Krankheiten (§§ 20 ff. SGB V) steht zwar an erster Stelle der Leistungen der Krankenversicherung, indes listet das Gesetz nur eine geringe Anzahl an konkreten Maßnahmen auf. Hierzu gehören etwa die Verhütung von Zahnerkrankungen gerade bei Kindern und Jugendlichen, Maßnahmen zur betrieblichen Gesundheitsförderung und Schutzimpfungen. Außerdem hat jeder Versicherte Anspruch auf Behandlung, wenn dies zur Abwehr einer drohenden Krankheit erforderlich ist, § 23 SGB V. Hierzu gehören etwa Massagen und auch ambulante und stationäre Kuren. Mütter haben unter bestimmten Voraussetzungen Anspruch auf Vorsorgekuren, § 24 SGB V.

Die Früherkennung von Krankheiten richtet sich insbesondere gegen häufige Zivilisationskrankheiten. So können Versicherte ab dem 35. Lebensjahr alle zwei Jahre Untersuchungen auf Erkrankungen des Herz-Kreislauf-Systems und der Nieren und auf Zuckerkrankheit (Diabetes) durchführen lassen, § 25 Abs. 1 SGB V. Frauen ab dem 20. Lebensjahr und Männer ab dem 45. Lebensjahr haben zudem Anspruch auf eine jährliche Vorsorgeuntersuchung zur Früherkennung von Krebserkrankungen, § 25 Abs. 2 SGB V.

Im Falle einer Erkrankung besteht Anspruch auf ärztliche bzw. zahnärztliche, ambulante oder stationäre Behandlung und Versorgung mit Medikamenten sowie Übernahme notwendiger Fahrtkosten. Zu den Leistungen gehört auch eine (höchstens vierwöchige) häusliche Krankenpflege, wenn eine notwendige Krankenhausbehandlung nicht durchführbar ist oder so vermieden werden kann. Unter gewissen Umständen werden auch die Kosten einer Haushaltshilfe übernommen. Bedingung hierfür ist, daß ein unter 13 Jahre altes oder behindertes und hilfebedürftiges Kind im Haushalt lebt.

Außerdem besteht Anspruch auf Rehabilitationsmaßnahmen, um einer Behinderung oder Pflegebedürftigkeit vorzubeugen. Soweit aber Pflegebedürftigkeit eingetreten ist, richten sich die Ansprüche nicht mehr gegen die Krankenkasse, sondern nach Maßgabe des SGB XI gegen die Pflegekasse, § 11 Abs. 2 SGB V.

b) Krankengeld und vorgezogenes Krankengeld für nach dem KSVG Versicherte

Bei einer Erkrankung kann sich das unternehmerische Risiko des Selbständigen realisieren: Er hat, anders als ein Arbeitnehmer, keine Einnahmen. Um diese wirtschaftliche Einbuße abzufedern (nicht: auszugleichen), haben Versicherte Anspruch auf Krankengeld, §§ 44 ff. SGB V. Die gesetzlichen Regelungen beinhalten einige Besonderheiten für selbständige Künstler und Publizisten, wenn sie nach dem KSVG über die KSK versichert sind.

aa) Krankengeld: Voraussetzung für die Zahlung von Krankengeld ist gem. § 44 SGB V, daß infolge der Krankheit Arbeitsunfähigkeit eingetreten oder die stationäre Unterbringung in einem Krankenhaus (oder einer ähnlichen Einrichtung) notwendig ist. Arbeitsunfähig ist, wer wegen der Erkrankung nicht oder nur mit der Gefahr, seinen Zustand zu verschlimmern, seiner bisherigen Erwerbstätigkeit nachgehen kann.

Die Zahlungen **beginnen** gem. § 46 Satz 2 SGB V für die nach dem KSVG Versicherten erst **mit der siebten Woche der Arbeitsunfähigkeit** (zum vorgezogenen Krankengeld im Anschluß).

Die **Höhe** des Krankengeldes richtet sich für Personen, die nach dem KSVG versichert sind, gem. § 47 Abs. 1, 4 SGB V nach dem Durchschnittsverdienst der letzten 12 Monate vor Eintritt der Arbeitsunfähigkeit (sog. Regelentgelt) und beträgt hiervon 70 %. Prinzipiell ist der Anspruch zeitlich nicht begrenzt. Wegen derselben Krankheit wird Krankengeld jedoch nur für maximal 78 Wochen in drei Jahren gezahlt, § 48 SGB V.

Während des Bezugs von Krankengeld müssen keine Beiträge für die gesetzliche Renten-, Kranken- und Pflegeversicherung gezahlt werden. Legen Sie daher der KSK alsbald eine Bescheinigung der Krankenkasse vor über Beginn bzw. Dauer der Zahlungen!

---

bb) Vorgezogenes Krankengeld nach vorheriger Erklärung gegenüber der KSK: Es besteht die Möglichkeit, bereits **vor** der 7. Woche der Arbeitsunfähigkeit Krankengeld zu beziehen (sog. vorgezogenes Krankengeld). Hierfür berechnen die Krankenkassen allerdings einen Beitragzuschlag, den der Versicherte alleine tragen muß, also ohne Zuschuß durch die KSK. Die Höhe des Zuschlags hängt von der jeweiligen Krankenkasse ab.

Voraussetzung für den Bezug vorgezogenen Krankengeldes ist allerdings, daß frühzeitig, nämlich **vor** der Erkrankung, bei der KSK eine entsprechende **Erklärung** über den Bezug vorzeitigen Krankengeldes abgegeben wird, § 46 Satz 2 SGB V. Eine weitere Erklärung gegenüber der Krankenkasse ist nicht erforderlich, dies veranlaßt die KSK.

Achtung: Vorzeitiges Krankengeld wird nur gezahlt, wenn dies gegenüber der KSK vor einer Erkrankung erklärt wird! Ab welchem Tag dann die Zahlungen erfolgen, hängt von der jeweiligen Krankenkasse ab. Spätester Termin ist der Beginn der dritten Woche der Arbeitsunfähigkeit.

Die Erklärung gegenüber der KSK kann schon auf dem Fragebogen der KSK bei der erstmaligen Meldung abgegeben werden (s. dort Frage 26). Sie kann aber auch jederzeit nachgereicht werden. **Die Erklärung wirkt in jedem Fall erst ab dem 1. des Folgemonats nach Eingang der Erklärung.** Wird sie abgegeben, wenn die Arbeitsunfähigkeit bereits eingetreten ist, kann das Krankengeld nicht mehr vorgezogen beansprucht werden.

Beispiel: Ein freier Musiker ist seit dem 1. 6. über die KSK versichert. Am 1. 10. stellt der Arzt Arbeitsunfähigkeit infolge Krankheit fest. Am 5. 10. erfährt der Musiker über einen Freund von der Möglichkeit, vorgezogenes Krankengeld zu beziehen. Deshalb erklärt er am 6. 10. gegenüber der KSK, von dieser Möglichkeit Gebrauch machen zu wollen.

Zu spät! Er hat weder mit seiner Krankenkasse eine entsprechende Vereinbarung getroffen noch die Erklärung der KSK vor Eintritt der Arbeitsunfähigkeit abgegeben. Deshalb wird Krankengeld erst mit Beginn der siebten Woche der Arbeitsunfähigkeit ausgezahlt.

Ab welchem Tag der Arbeitsunfähigkeit das vorgezogene Krankengeld gezahlt wird, hängt von der jeweiligen Krankenkasse ab, spätester Termin ist jedoch der Beginn der dritten Woche der Arbeitsunfähigkeit, § 46 Satz 3 SGB V. Es lohnt sich also auch hier, die Leistungsangebote der Krankenkassen zu vergleichen.

Da ein vorgezogener Krankengeldanspruch zu höheren Beiträgen zur Krankenversicherung führt und der Versicherte diese Mehrbelastung allein tragen muß, kann die Erklärung jederzeit gegenüber der KSK **widerrufen** werden.

cc) Anspruch auf den Spitzbetrag bei freiwilliger Unfallversicherung: Selbständige haben als Unternehmer die Möglichkeit, freiwillig der gesetzlichen Unfallversicherung beizutreten (s. unten 4 a). Bei einem Arbeitsunfall oder einer Berufskrankheit greifen die Leistungen der gesetzlichen Unfallversicherung ein. Hierzu gehören u. a. Verletztengeld und Übergangsgeld (§§ 45 ff. SGB VII).

Bezieht der Betroffene Verletztengeld oder Übergangsgeld von der Unfallversicherung, ist gem. § 11 Abs. 4 SGB V die Zahlung von Krankengeld durch die Krankenkasse ausgeschlossen. Durch diesen Vorrang der Unfallversicherung sollen mehrfache und sich addierende Absicherungen ausgeschlossen werden.

Das eigentlich subsidiäre Krankengeld kann im Einzelfall aber rechnerisch über dem Verletztengeld liegen. In diesem Fall besteht gegen die Krankenkasse Anspruch auf Zahlung des Differenzbetrages zwischen (höherem) Krankengeld und (niedrigerem) Verletztengeld.

dd) Kinderpflegekrankengeld: Nach § 45 SGB V besteht Anspruch auf Krankengeld bei Erkrankung eine Kindes des Versicherten, wenn es Betreuung benötigt und der Versicherte deshalb seiner Tätigkeit nicht nachgeht. Voraussetzung ist, daß

- das erkrankte Kind nach ärztlichem Zeugnis Beaufsichtigung, Betreuung oder Pflege benötigt,
- das Kind selbst krankenversichert ist (Familienversicherung, § 10 SGB V) und das 12. Lebensjahr noch nicht vollendet hat, und
- eine andere, im Haushalt lebende Person die Beaufsichtigung, Betreuung oder Pflege nicht übernehmen kann.

Kinder im Sinne dieser Regelung sind gem. § 10 Abs. 4 SGB V neben den leiblichen Kindern auch Stiefkinder und Enkel, die der Versicherte wirtschaftlich überwiegend unterhält, und Pflegekinder. Kinder, die adoptiert werden sollen, gelten als Kinder des Versicherten, wenn sie bei ihm aufgenommen wurden und das Einverständnis der leiblichen Eltern mit der Annahme erteilt wurde.

Das Kinderpflegekrankengeld wird für jedes Kind maximal 10 Arbeitstage im Jahr bezahlt, bei Alleinerziehenden für maximal

20 Tage. Insgesamt besteht der Anspruch bei mehreren Kindern für höchstens 25 Arbeitstage jährlich (Alleinerziehende: 50).

Anders als das Krankengeld wird das Kinderpflegekrankengeld mit dem ersten Tag der Betreuung gezahlt. Entsprechend hängt die Zahlung auch nicht von einer Erklärung gegenüber der KSK ab.

c) Mutterschaftsgeld

Gem. § 200 RVO erhalten weibliche Mitglieder der gesetzlichen Krankenkasse in dem Zeitraum von 6 Wochen vor und 8 Wochen nach der Geburt eines Kindes Mutterschaftsgeld.

Da Voraussetzung für die Zahlung des Mutterschaftsgeldes die Mitgliedschaft in der gesetzlichen Krankenkasse ist, genügt es nicht, über die Familienversicherung des Ehegatten mitversichert zu sein.

Die Höhe des Mutterschaftsgeldes entspricht der Höhe des Krankengeldes, § 200 Abs. 2 Satz 6 RVO.

Während des Bezugs von Mutterschaftsgeld läuft die Versicherung in der gesetzlichen Krankenversicherung beitragsfrei weiter, § 225 Abs. 1 SGB V. Diese Beitragsfreiheit bezieht sich aber nur auf das Mutterschaftsgeld. Soweit daneben andere Einkünfte bezogen werden, müssen hierauf Versicherungsbeiträge geleistet werden.

> Zuständig für Fragen des Mutterschaftsgeldes ist die jeweilige Krankenkasse. Legen Sie der KSK eine Bescheinigung über den Bezug des Mutterschaftsgeldes vor, damit für diesen Zeitraum keine Versicherungsbeiträge geleistet werden müssen.

d) Die Krankenversicherung der Rentner

Durch das Zweite Gesetz zur Änderung des KSVG 2001 wurde die soziale Absicherung der selbständigen Künstler und Publizisten verbessert, indem ihnen der Zugang zur günstigen Krankenversicherung der Rentner (KVdR) ermöglicht wird. Die Beiträge errechnen sich hier nach derzeitiger Rechtslage nur aus den Einnahmearten Rente, Versorgungsbezüge, Arbeitsentgelt und Arbeitseinkommen.

§ 5 Abs. 1 Nr. 11 a SGB V stellt folgende Voraussetzungen für die Versicherungspflicht in der KVdR auf:

- die selbständige künstlerische bzw. publizistische Tätigkeit wurde vor dem 1. 1. 1983 aufgenommen,
- es besteht ein Rentenanspruch aus der gesetzlichen Rentenversicherung,
- die Rente wurde beantragt,
- die Versicherung nach dem KSVG in der gesetzlichen KV bestand mindestens $\frac{9}{10}$ des Zeitraumes zwischen 1. 1. 1985 und der Stellung des Rentenantrags.

Die Mitglieder der KVdR sind gem. § 20 Abs. 1 Nr. 11 SGB XI n. F. zugleich Pflichtmitglieder der sozialen Pflegeversicherung.

Eine **Übergangsregelung** wurde für Personen geschaffen, die ihren Wohnsitz am 3. 10. 1990 im Beitrittsgebiet hatten. Sie müssen $\frac{9}{10}$ des Zeitraums zwischen dem 1. 1. 1992 und der Stellung des Rentenantrags nach dem KSVG in der gesetzlichen Krankenversicherung versichert gewesen sein.

e) Versicherungsträger und Wahlrecht des Versicherten

Versicherungsträger der gesetzlichen Krankenversicherung sind die Krankenkassen. Das SGB unterscheidet zwischen den Orts-, Betriebs-, Innungs- und Ersatzkassen, §§ 143 ff. SGB VI. Die Versicherten können zwischen allen Krankenkassen wählen, die regional zuständig sind. Betriebs- und Innungskrankenkassen können ihren Mitgliederkreis auf die Beschäftigten des Betriebs bzw. der Betriebe beschränken, für den bzw. die Kasse besteht (sog. geschlossene Betriebs- bzw. Innungskrankenkasse im Gegensatz zur geöffneten, die allen Versicherten offensteht), § 173 Abs. 2 SGB VI.

Dem Fragebogen der KSK zur Feststellung der Versicherungspflicht ist eine Mitgliedsbescheinigung der gewählten Krankenkasse beizulegen.

Hinweis: Wählen Sie eine Krankenkasse aus, bevor Sie sich bei der KSK melden, um nach dem KSVG versichert zu werden. Fehlt diese Bescheinigung, wird die Versicherungsangelegenheit bis zu deren Nachreichung nicht abschließend durch die KSK bearbeitet!

---

f) Das außerordentliche Kündigungsrecht einer privaten Krankenversicherung

Nicht selten hat der Betroffene bereits eine private Krankenversicherung abgeschlossen, wenn die KSK erstmalig die Versicherungspflicht nach dem KSVG feststellt. Da die Versicherungspflicht nach dem KSVG aber zur Mitgliedschaft in der gesetzlichen Krankenversicherung führt (von der Befreiungsmöglichkeit der Berufsanfänger und Höherverdienenden einmal abgesehen), droht eine doppelte Absicherung bei doppelter Beitragspflicht.

Deshalb räumt § 9 Abs. 1 KSVG dem Versicherten ein **außerordentliches Kündigungsrecht** seiner privaten Krankenversicherung ein. Der Versicherte kann den privaten Versicherungsvertrag bis zum Ende des Monats kündigen, in dem er den Eintritt der Versicherungspflicht nach dem KSVG nachweist. Wann er dies nachweist, bleibt ihm überlassen – die Belastung durch die Beiträge zur privaten Versicherung trägt er ohnehin alleine.

Dies gilt gem. § 9 Abs. 1 Satz 2 KSVG auch für den **privaten Versicherungsvertrag eines Familienangehörigen** (Ehegatten und Kinder), wenn dieses gem. § 10 SGB V durch die Versicherungspflicht des Künstlers bzw. Publizisten Mitglied in der Familienversicherung der gesetzlichen Krankenversicherung wird.

Die Krankenkasse kann dieses Kündigungsrecht nicht durch Vertragsbedingungen etc. ausschließen.

III. Die Leistungen der sozialen Pflegeversicherung

Aufgabe der Pflegeversicherung ist es, „Pflegebedürftigen Hilfe zu leisten, die wegen der Schwere der Pflegebedürftigkeit auf solidarische Unterstützung angewiesen sind" (§ 1 Abs. 4 SGB XI). Grundlage ist die Hilfe zur Selbsthilfe und die Rehabilitation, die Förderung und Wiedergewinnung eigener körperlicher, seelischer und geistiger Kräfte. Insbesondere steht die Pflege im eigenen häuslichen Umfeld auch durch Angehörige und Nachbarn im Vordergrund vor einer (teil-)stationären Pflege in einem Heim, §§ 2 und 3 SGB XI.

Die Aufgaben der Pflegeversicherung und die Voraussetzungen

der Leistungserbringung regelt das SGB XI. Pflegebedürftig im Sinne dieses Gesetzes sind Personen, die wegen einer körperlichen, geistigen oder seelischen Krankheit oder Behinderung für die gewöhnlichen, täglichen Verrichtungen dauerhaft in erheblichem Maße hilfsbedürftig sind, § 14 SGB XI. Drei Stufen der Pflegebedürftigkeit werden unterschieden, die „erhebliche Pflegebedürftigkeit", die „Schwerpflegebedürftigkeit" und die „Schwerstpflegebedürftigkeit" mit einer 24 h-Versorgung.

Versicherungsträger der Pflegeversicherung sind die Pflegekassen. Sie sind eigene juristische Personen des öffentlichen Rechts, organisatorisch jedoch den Krankenkassen angegliedert und bei diesen errichtet, § 46 SGB XI. Versicherungsträger ist damit diejenige Pflegekasse, die bei der Krankenkasse eingerichtet wurde, deren Mitglied der Versicherte ist.

Es besteht also kein Wahlrecht hinsichtlich der Pflegekasse, die Wahl der Krankenkasse bedingt zugleich die Mitgliedschaft in der zugehörigen Pflegekasse.

Wer bei Eintritt der Versicherungspflicht bereits eine private Pflegeversicherung abgeschlossen hat, kann diesen Vertrag gem. § 9 Abs. 2 KSVG **außerordentlich kündigen.** Anders als bei einer privaten Krankenversicherung kann die Kündigung hier rückwirkend zum Eintritt der Versicherungspflicht nach dem KSVG erfolgen. Das Kündigungsrecht gilt auch für private Pflegeverträge der Ehegatten und Kinder, wenn diese gem. § 25 SGB XI in der Familienversicherung mitversichert sind.

IV. Welche Gefahren nicht nach dem KSVG versichert werden

Das System der sozialen Sicherung beruht in Deutschland auf fünf Säulen: der Rentenversicherung, der Krankenversicherung, der Pflegeversicherung, der Unfallversicherung und der Arbeitslosenversicherung. Arbeitnehmer sind in allen fünf Zweigen der Sozialversicherung pflichtversichert. Für Arbeitnehmer sind daher die Risiken Krankheit, Alter, Pflegebedürftigkeit, Arbeitsunfall und Arbeitslosigkeit wirtschaftlich abgesichert.

Selbständige Künstler und Publizisten dagegen werden nach dem

KSVG nur in der gesetzlichen Renten- und Krankenversicherung und der sozialen Pflegeversicherung versichert. Damit verbleibt es für sie bei den Risiken von Arbeitsunfällen bzw. Berufskrankheiten und der Arbeitslosigkeit. Eine freiwillige Versicherung ist aber nur in der gesetzlichen Unfallversicherung möglich.

a) Arbeitsunfall und Berufskrankheit

Die gesetzliche Unfallversicherung (geregelt im SGB VII) schützt die materielle Existenz des Versicherten bei Arbeitsunfällen und Berufskrankheiten.

Liegt ein Arbeitsunfall oder eine Berufskrankheit vor und ist der Betroffene Mitglied der gesetzlichen Unfallversicherung, sind Ansprüche des Versicherten gegen die **Krankenkasse** gem. § 11 Abs. 4 SGB IV ausgeschlossen. Der Unfallversicherung kommt in diesem Fall Vorrang zu.

Zu den **Leistungen** der Unfallversicherung gehören sowohl medizinische Maßnahmen als auch Entschädigungsleistungen. Die medizinischen Maßnahmen (§§ 26 ff. SGB VII) umfassen Heilbehandlung, medizinische und berufliche Rehabilitation und Pflege. Wie schon bei der Krankenversicherung steht auch hier die Rehabilitation im Vordergrund, um die (volle) Erwerbsfähigkeit des Versicherten wiederherzustellen, § 1 Nr. 2 SGB VII. Ist der Versicherte während der medizinischen Maßnahmen arbeitsunfähig bzw. kann er keiner ganztägigen Erwerbstätigkeit nachgehen, wird außerdem Verletztengeld gezahlt. Entschädigungsleistungen (§§ 56 ff. SGB VII) sollen die Minderung der Erwerbsfähigkeit durch eine Rente ausgleichen bzw. im Todesfall die Hinterbliebenen entschädigen.

Selbständige können sich als Unternehmer gem. § 6 SGB VII in der gesetzlichen Unfallversicherung **freiwillig versichern**. Auch freiberufliche und künstlerische Tätigkeiten fallen darunter, selbst wenn sie von einem „Einzelkämpfer" oder als kleine 2-Mann-GbR ausgeübt werden. Unternehmer bzw. unternehmer-ähnliche Personen im Sinne des § 6 Abs. 1 Nr. 1 und 2 SGB VII sind deshalb:

- Einzelunternehmer, etwa freie Fotografen, Journalisten, Maler, Autoren etc.,

- Gesellschafter und Geschäftsführer von Personengesellschaften (GbR, Partnerschaft),
- Gesellschafter und Geschäftsführer von Kapitalgesellschaften (GmbH, AG).

b) Arbeitslosigkeit

Versicherungspflicht in der gesetzlichen Arbeitslosenversicherung besteht gem. §§ 24, 26 SGB III weitgehend nur für Beschäftigte. Selbständige sind nicht versicherungspflichtig. Anders als in den anderen Versicherungszweigen können sie sich auch nicht freiwillig versichern.

V. Die Berechnung der monatlichen Beiträge

Die Beiträge zu den verschiedenen Sozialversicherungen zahlen der versicherte Künstler oder Publizist und die KSK je zur Hälfte. Die KSK führt den sog. „Gesamtsozialversicherungsbeitrag" an die zuständige Krankenkasse als Einzugsstelle ab, welche ihrerseits die Beitragsanteile für die Rentenkasse und die Pflegekasse weiterleitet.

Trotz dieses einheitlichen Zahlungsvorgangs müssen die Beiträge für jede Sparte der Sozialversicherung (Renten-, Kranken- und Pflegeversicherung) gesondert errechnet werden.

Die Beiträge errechnen sich auf Grundlage des voraussichtlichen Jahresarbeitseinkommens (sog. Beitragsbemessungsgrundlage) aus der selbständigen künstlerischen bzw. publizistischen Tätigkeit. Diese Einkünfte sind also für ein Kalenderjahr im voraus zu schätzen und der KSK zum 1.12. des Vorjahres zu melden (dazu unten S. 140 f.).

Zur Frage der nachträglichen **Anpassung der Beiträge an die tatsächliche** Einkommensentwicklung siehe unten S. 145 f.

1. Die Beiträge zur gesetzlichen Rentenversicherung

Die Berechnung der Beiträge zur gesetzlichen Rentenversicherung regelt § 15 KSVG, der auf einzelne Bestimmungen des SGB VI verweist. Danach richtet sich die Beitragshöhe nach
- dem Beitragssatz und
- dem voraussichtlichen Jahresarbeitseinkommen.

Das Jahresarbeitseinkommen wird auch als „Beitragsbemessungsgrundlage" bezeichnet, weil es die Grundlage für die Bemessung der monatlichen Beiträge bildet.

Von diesen Beiträgen zahlt der Versicherte die Hälfte, die andere Hälfte übernimmt die KSK.

a) Beitragssatz

Der Beitragssatz für die gesetzliche Rentenversicherung wird für jedes Kalenderjahr im voraus durch die Bundesregierung in einer Rechtsverordnung festgelegt, § 160 Nr. 1 SGB VI.

Die Beitragssätze in der gesetzlichen Rentenversicherung lauten für die Jahre 1997 bis 2001:

Jahr	Beitragssatz nach § 158 SGB VI
1997	20,3 %
1998	20,3 %
1999 (ab 1. 4.)	19,5 %
2000	19,3 %
2001	19,1 %

Tab. 9: Beitragssätze der gesetzlichen RV

Beispiel: Das voraussichtliche Jahresarbeitseinkommen (= Beitragsbemessungsgrundlage) eines freien Bühnenregisseurs für das Jahr 2001 beträgt 50 000,– DM. Auf der Grundlage dieses Einkommens und einem Beitragssatz im Jahr 2001 von 19,1 % belaufen sich die Beiträge zur Rentenversicherung für das Jahr 2001 auf:

$$\frac{50\,000 \times 19{,}1}{100} = 9550{,}- \text{DM.}$$

Hiervon trägt der Versicherte die Hälfte, also einen Beitragsanteil von 4775,– DM im Jahr 2001 bzw. von monatlich 397,91 DM.

Die jeweils aktuellen Beitragssätze eines Kalenderjahres können bei den gesetzlichen Rentenkassen (Adresse der BfA siehe Anhang) erfragt werden.

b) Monatlicher Mindestbeitrag

Das SGB VI schreibt bestimmte Mindest- und Höchstgrenzen der Einkommensberücksichtigung vor. Daraus ergeben sich bestimmte monatliche Mindest- bzw. Höchstbeiträge, die auch dann zu zahlen sind, wenn sich aus dem tatsächlichen Einkommen eigentlich ein geringerer bzw. höherer Beitrag errechnen würde.

Gem. § 165 Abs. 1 Nr. 3 SGB VI ist bei selbständigen Künstlern und Publizisten, die nach dem KSVG in der gesetzlichen Rentenversicherung pflichtversichert sind, von einem Mindest-Jahresarbeitseinkommen von 3900,– € auszugehen. Dieser Wert gilt bundeseinheitlich.

Bis zur Änderung des KSVG durch das Zweite Änderungsgesetz 2001 lag das Mindesteinkommen, welches der Beitragsberechnung zugrunde zu legen war, bei ⅐ der Bezugsgröße nach § 18 SGB IV. Für die neuen Bundesländer galten mit der Bezugsgröße nach § 18 Abs. 2 SGB IV eigene Werte.

Die folgende Tabelle gibt die Mindestbeiträge für die gesetzliche Rentenversicherung in den Jahren 1997 bis 2001 wieder:

Jahr	monatl. Mindest-Berechnungs-grundlage	Beitragssatz	monatl. Mindest-beitrag	**monatl. Mindest-Beitrags-anteil**
1997	610,– DM	20,3 %	123,83 DM	**61,92 DM**
1998	620,– DM	20,3 %	125,86 DM	**62,93 DM**
1999 (ab 04)	630,– DM	19,5 %	122,85 DM	**61,43 DM**
2000	640,– DM	19,3 %	123,52 DM	**61,76 DM**
2001	640,– DM	19,1 %	122,24 DM	**61,12 DM**

Tab. 10: Mindestbeitrag und -beitragsanteil zur gesetzl. RV (West) in DM

Für die **neuen Bundesländer** gelten folgende Werte:

Jahr	monatl. Mindest-Berechnungs-grundlage	Beitragssatz	monatl. Mindest-beitrag	monatl. Mindest-Beitrags-anteil
1997	520,– DM	20,3 %	105,56 DM	52,78 DM
1998	520,– DM	20,3 %	105,56 DM	52,78 DM
1999	530,– DM	19,5 %	103,35 DM	51,68 DM
2000	520,– DM	19,3 %	100,36 DM	50,18 DM
2001	540,– DM	19,1 %	103,14 DM	51,57 DM

Tab. 11: Mindestbeitrag und -beitragsanteil zur gesetzl. RV (Ost) in DM

c) Monatlicher Höchstbeitrag

Das monatliche Einkommen wird nur bis zu einer bestimmten Höchstgrenze mit Beiträgen für die gesetzliche Rentenversicherung belastet (sog. „Beitragsbemessungsgrenze"), §§ 157, 159 SGB VI iVm § 15 KSVG.

Die Beitragsbemessungsgrenze beläuft sich auf das Doppelte des Durchschnittseinkommens aller Versicherten in einem Kalenderjahr. Auch dieser Wert wird für jedes Kalenderjahr durch die Bundesregierung in einer Rechtsverordnung festgelegt, § 160 Nr. 2 SGB VI.

Aus den Beitragsbemessungsgrenzen ergeben sich für die Jahre 1997 bis 2001 überblicksartig die folgenden monatlichen Höchstbeiträge für die gesetzliche Rentenversicherung (West):

Jahr	monatliche BBG	monatlicher Höchstbeitrag	monatlicher Höchst-Beitragsanteil
1997	8200,– DM	1664,60 DM	832,30 DM
1998	8400,– DM	1705,20 DM	852,60 DM
1999	8500,– DM	1657,50 DM	828,75 DM
2000	8600,– DM	1659,80 DM	829,90 DM
2001	8700,– DM	1661,70 DM	830,85 DM

Tab. 12: Monatliche Höchstbeiträge für die gesetzl. RV (West) in DM

Die nach § 275 a SGB VI errechnete BBG (Ost) führte zu folgenden Werten in den **neuen Bundesländern**:

Jahr	monatliche BBG	monatlicher Höchstbeitrag	monatlicher Höchst-Beitragsanteil
1997	7100,– DM	1441,30 DM	**720,65 DM**
1998	7000,– DM	1421,00 DM	**710,50 DM**
1999	7200,– DM	1404,00 DM	**702,00 DM**
2000	7100,– DM	1370,30 DM	**685,15 DM**
2001	7300,– DM	1394,30 DM	**697,15 DM**

Tab. 13: Monatliche Höchstbeiträge für die gesetzl. RV (Ost) in DM

d) Besonderheiten beim Bezug von Erziehungsgeld

Seit der Einfügung des Abs. 1 a in § 165 SGB VI n. F. durch das
Zweite Gesetz zur Änderung des KSVG im Jahre 2001 gelten für die
Beitragsberechnung Besonderheiten während des Bezugs von
Erziehungsgeld. Damit wird die für die Krankenversicherung nach
§ 234 Abs. 2 Satz 2 SGB V geltende Rechtslage auf die Rentenver-
sicherung ausgeweitet (ausführlich unten 2 d)).

Danach kann in Zeiten, in denen Erziehungsgeld bezogen wird,
das in diesem Zeitraum voraussichtlich erzielte Arbeitseinkommen
zugrunde gelegt werden. Gleiches gilt, wenn Erziehungsgeld nur
wegen des zu berücksichtigenden Einkommens nicht bezogen wird.

Voraussetzung ist, daß das voraussichtliche Arbeitseinkommen
im Durchschnitt monatlich 630,– DM (325,– €) übersteigt. Erforderlich für diese Beitragsberechnung ist ein Antrag des Versicherten.

e) Beiträge bei mehreren ausgeübten Tätigkeiten

Die Berechnung der Beiträge ändert sich leicht, wenn mehrere
versicherungspflichtige Tätigkeiten ausgeübt werden, also eine
weitere, nichtkünstlerische Tätigkeit oder eine abhängige (künstlerische oder nichtkünstlerische) Beschäftigung. Auch diese anderen Tätigkeiten können der Rentenversicherungspflicht nach

§§ 1–3 SGB VI unterliegen. Dann stellt sich die Frage, in welchem Maße die jeweiligen Einkommen mit Beiträgen belastet werden.

Dies ist unproblematisch, soweit alle Einnahmen zusammengerechnet die Beitragsbemessungsgrenze nicht überschreiten. Dann werden alle Einkünfte aus den verschiedenen Tätigkeiten normal mit dem gesetzlichen Beitragssatz belastet.

Beispiel: Ein freier Fernsehautor im Köln hat ein voraussichtliches monatliches Einkommen aus dieser Tätigkeit im Jahr 2000 von 60 000,– DM. Außerdem unterrichtet er nebenberuflich an einer Drehbuch-Akademie. Dort ist er fest angestellt und erhält 24 000,– DM jährlich. Zusammengerechnet ergibt sich ein Jahreseinkommen für 2000 von 84 000,– DM. Die BBG für die RV im Jahr 2000 beträgt 103 200,– DM. Da diese Grenze nicht überschritten wird, zahlt der Autor

a) aus dem Arbeitseinkommen (selbständige Tätigkeit):

$$\frac{60\,000 \times 19,3}{100 \times 12} = 965,- \text{ DM als monatlichen Beitrag,}$$

der zur Hälfte (482,50 DM) von der KSK bezuschußt wird;

b) aus dem Arbeitsentgelt (abhängige Beschäftigung):

$$\frac{24\,000 \times 19,3}{100 \times 12} = 386,- \text{ DM als monatlichen Beitrag,}$$

den zur Hälfte (193,– DM) die Akademie als Arbeitgeber übernimmt.

Sein eigener monatlicher Beitragsanteil beläuft sich also auf zusammengerechnet 482,50 DM + 193,– DM = 675,50 DM.

Das Beispiel zeigt auch den Grund für die mühsame Aufteilung der monatlichen Beiträge: je nach Tätigkeit ist ein anderer (Arbeitgeber, KSK) verpflichtet, Teile der Beitragslast zu übernehmen. Und diese Dritten können nur diejenigen Beitragsanteile übernehmen, die zu leisten sie gesetzlich verpflichtet sind: Dem Arbeitgeber kann nicht aufgebürdet werden, Beitragszuschüsse zu übernehmen, die von der KSK zu tragen sind, und umgekehrt.

Komplizierter stellt sich die Berechnung dar, wenn die Einnahmen aus den verschiedenen Tätigkeiten die Beitragsbemessungsgrenze überschreiten. In diesem Fall sind die Einnahmen aus den jeweiligen Tätigkeiten im Verhältnis zueinander so zu kürzen, daß sie zusammen die BBG ergeben, § 22 Abs. 2 SGB IV. Aus diesen gekürzten Summen ergeben sich dann die Beiträge für die einzelnen versicherungspflichtigen Tätigkeiten.

Beispiel: In dem obigen Beispiel des freien Fernsehautoren belaufe sich das voraussichtliche Jahresarbeitseinkommen aus selbständiger publizistischer Tätigkeit nun auf 72 000,– DM und das Jahresarbeitsentgelt aus abhängiger Beschäftigung auf 48 000,– DM, zusammengerechnet also 120 000,– DM.

Diese Summe übersteigt die BBG der RV des Jahres 2000 von 103 200,– DM. Die Einkünfte aus der selbständigen Tätigkeit und aus der Beschäftigung sind deshalb in ihrem Verhältnis zueinander so zu kürzen, daß sie zusammen den Wert der BBG erreichen. 72 000 steht zu 48 000 im Verhältnis 3 : 2. Die monatliche BBG ist deshalb im Verhältnis 3 : 2 aufzuteilen.

1. Schritt: Anteilige Herabsetzung der Einkünfte

a) Das Arbeitseinkommen (aus selbständiger künstlerischer Tätigkeit) ist nach der obigen Formel anzusetzen mit:

$$\frac{72\,000 \times 103\,200}{120\,000} = 61\,920,- \text{ DM (monatlich 5160,– DM)},$$

b) das Arbeitsentgelt (aus abhängiger Beschäftigung) mit:

$$\frac{48\,000 \times 103\,200}{120\,000} = 41\,280,- \text{ DM (monatlich 3440,– DM)}.$$

Zusammengerechnet ergeben diese beiden Summen 103 200,– DM, also die BBG des Jahres 2000.

2. Schritt: Errechnung der Beiträge zur RV

Als Beiträge zur RV ergeben sich bei einem Beitragssatz von 19,3 % im Jahr 2000

a) aus dem errechneten monatlichen Arbeitseinkommen von 5160,– DM ein monatlicher Beitrag von

$$\frac{5160 \times 19,3}{100} = 995,88 \text{ DM},$$

zu dem der Versicherte einen Zuschuß von der KSK in Höhe der Hälfte (497,94 DM) erhält,

b) aus dem errechneten Arbeitsentgelt von 3440,– DM ein monatlicher Beitrag von

$$\frac{3440 \times 19,3}{100} = 663,92 \text{ DM},$$

den hälftig (331,96 DM) der **Arbeitgeber** trägt.

Der Fernsehautor selbst zahlt damit monatlich einen Beitragsanteil an die Rentenkasse von zusammengerechnet 829,90 DM.

f) Fälligkeit der Beiträge und Verzugsfolgen

Der monatliche Beitragsanteil des Versicherten ist bis zum 5. des jeweiligen Folgemonats an die KSK zu zahlen, § 15 Satz 2 KSVG. Der Anteil zur Rentenversicherung beispielsweise für den Monat Juli muß bis zum 5. August bei der KSK eingegangen sein.

Welcher Tag beim Beitragseingang als Tag der Zahlung gilt, richtet sich nach § 17 a KSVG n. F. Es wird unterschieden zwischen Abbuchung, Überweisung bzw. Einzahlung, Zahlung durch Scheck und Barzahlung. Damit wird die Regelung der Verordnung über die Zahlung von Beiträgen zur gesetzlichen Rentenversicherung (RV-BZV vom 10. 10. 1991, BGBl. I S. 2057) in das KSVG übernommen.

Für sog. Anrechnungszeiten sind keine Beiträge zur gesetzlichen Rentenversicherung zu zahlen, § 175 Abs. 1 SGB VI. Sie gehören zu den **beitragsfreien Zeiten**, §§ 54 Abs. 1 Nr. 1, Abs. 4 SGB VI. Anrechnungszeiten sind Zeiten

- der Arbeitsunfähigkeit,
- des Bezugs einer Reha-Leistung,
- der Schwangerschaft und des Mutterschutzes, wenn deshalb keine Tätigkeit ausgeübt wird,
- der Arbeitslosigkeit,
- des Besuchs einer Schule, Fachschule oder Hochschule oder einer berufsvorbereitenden Maßnahme (max. 3 Jahre),
- des Rentenbezugs und der Zurechnungszeit (§ 58 SGB VI).

Diese Anrechnungszeiten müssen aber nachgewiesen sein, etwa durch Bescheinigungen des Leistungsträgers, des behandelnden Arztes etc.

Unterbleibt die Zahlung durch den Versicherten, so ist die KSK ihrerseits nicht verpflichtet, den (gesamten) Beitrag für die Rentenversicherung zu zahlen, § 175 Abs. 2 SGB VI. Außerdem ist gem. § 18 KSVG iVm § 24 SGB IV für säumige Beiträge ein Säumniszuschlag zu erheben, der sich für jeden angefangenen Monat der Säumnis auf 1 % der ausstehenden Beiträge beläuft.

Leistet ein Versicherter seine Beiträge nur teilweise, so sind die Teilleistungen zunächst zugunsten der Krankenversicherung zu verwenden. In diesen Fällen wird nur ein Teilbetrag oder gar kein Beitrag an die Rentenkasse gezahlt, § 17 KSVG. Dies wirkt sich wiederum auf den Rentenanspruch aus, denn dieser setzt die Erfüllung einer bestimmten sog. rentenversicherungsrechtlichen Zeit voraus, in der Beiträge an die Rentenkasse gezahlt wurden, §§ 54 ff. SGB VI. Erst wenn über diesen Zeitraum die Beiträge geleistet wurden, besteht ein Anspruch auf Rentenzahlungen.

2. Die Beiträge zur gesetzlichen Krankenversicherung

Auch in der gesetzlichen Krankenversicherung richtet sich die Beitragshöhe nach dem Beitragssatz (hier der jeweiligen Krankenkasse) und dem Jahresarbeitseinkommen.

Die Berechnung der Beiträge weist allerdings eine kleine Besonderheit auf: Der Beitragssatz wird nicht auf das monatliche, sondern das kalendertägliche Einkommen angewendet. Jeder Monat ist mit 30 Tagen und ein Jahr mit 360 Tagen anzusetzen, § 223 Abs. 2 SGB V.

Beispiel: Das voraussichtliche Jahresarbeitseinkommen betrage 23 000,– €. Das tägliche Einkommen liegt dann bei 23 000 $\div$ 360 = 63,88 €. Bei einem Beitragssatz der zuständigen Krankenkasse von 13,5 % belaufen sich die täglichen Beiträge auf 8,62 €. Für die monatlichen Beiträge ist immer von 30 Tagen auszugehen, so daß monatlich 8,62 $\times$ 30 = 258,60 € zu zahlen sind, wovon die KSK die Hälfte = 129,30 € übernimmt.

---

a) Beitragssatz

Anders als in der gesetzlichen Rentenversicherung ist der Beitragssatz für die gesetzliche Krankenversicherung nicht in einer Rechtsverordnung festgeschrieben. Vielmehr entscheidet über den Beitragssatz jede Krankenkasse selbst und autonom. Dabei sind die Beiträge so zu bemessen, daß sie die im Haushalt vorgesehenen Kosten und die vorgeschriebene Finanzrücklage decken ("Prinzip der Kostendeckung").

Die folgende Tabelle gibt einen Überblick über den durchschnittlichen allgemeinen Beitragssatz in der Krankenversicherung der Jahre 1997 bis 2000 (zwischen den Krankenkassen schwanken die Beitragssätze teilweise beträchtlich):

Jahr	durchschnittlicher Beitragssatz (West)	durchschnittlicher Beitragssatz (Ost)
1997	13,3, %	13,7 %
1998	13,6 %	14,0 %
1999	13,5 %	13,9 %
2000	13,5 %	13,8 %

Tab. 14: Durchschnittliche Beitragssätze der gesetzl. Krankenkassen

b) Monatliche Mindestbeiträge

Für jeden Tag der Mitgliedschaft in der gesetzlichen Krankenversicherung ist ein Mindestbeitrag zu leisten. Als Mindest-Bemessungsgrundlage ist dabei gem. § 234 Abs. 1 SGB V **täglich** $\frac{1}{180}$ (monatlich also $\frac{1}{6}$) der monatlichen Bezugsgröße nach § 18 SGB IV anzusetzen. Für das Jahr 2001 beispielsweise lag die Bezugsgröße monatlich bei DM 4480,– DM (West) und 3780,– DM (Ost).

Für die Jahre 1997 bis 2000 ergeben sich daraus folgende Werte (West):

Jahr	monatlicher Mindestbeitrag (bei 13,5 %, in DM)	**monatlicher Mindest-Beitragsanteil (bei 13,5 %, in DM)**
1997	96,08	48,04
1998	97,65	48,83
1999	99,23	49,61
2000	100,80	50,40
2001	100,80	50,40

Tab. 15: Mindestbeitrag und -beitragsanteil für die gesetzl. KV

Bis zum Ende des Jahres 2000 galt in den **neuen Bundesländern** gem. § 234 SGB V iVm § 18 Abs. 2 SGB VI eine besondere Bezugsgröße. Seit dem 1. 1. 2001 ist gem. § 309 Abs. 1 SGB V hingegen im gesamten Bundesgebiet einheitlich auf den Wert des § 18 Abs. 1

SGB IV abzustellen, so daß der oben angegebene Wert auch für die neuen Bundesländer gilt.

c) Monatliche Höchstbeiträge

Das Einkommen aus der selbständigen künstlerischen bzw. publizistischen Tätigkeit wird nur bis zu einer bestimmten Höhe mit Beiträgen für die gesetzliche Krankenkasse belegt („Beitragsbemessungsgrenze"). Nach § 16 KSVG iVm § 223 Abs. 3 SGB V liegt die kalendertägliche Beitragsbemessungsgrenze für die gesetzliche Krankenversicherung bei ¹⁄₃₆₀ der Jahresarbeitsentgeltgrenze (JAE) nach § 6 Abs. 1 Nr. 1 SGB V.

Die Jahresarbeitsentgeltgrenze beträgt ihrerseits 75 % der Beitragsbemessungsgrenze der gesetzlichen Rentenversicherung der Arbeiter und Angestellten nach § 159 SGB VI. Die für die Jahre 1997 bis 2001 festgesetzten Werte der Jahresarbeitsentgeltgrenze können Sie der Tabelle 6 auf Seite 86 entnehmen.

Aus diesen Werten ergaben sich für die Jahre 1997 bis 2001 die folgenden monatlichen Höchstbeiträge bzw. die Höchstbeitragsanteile des Versicherten für die gesetzliche Krankenversicherung:

Jahr	monatlicher Höchstbeitrag (bei 13,5 %, in DM)	monatlicher Höchst-Beitragsanteil (bei 13,5 %, in DM)
1997	830,25	415,13
1998	850,50	425,25
1999	860,63	430,31
2000	870,75	435,38
2001	880,87	440,43

Tab. 16: Höchstbeiträge und -beitragsanteile für die gesetzl. KV

Die JAE des § 6 Abs. 1 Nr. 1 SGB V gilt seit dem 1. 1. 2001 einheitlich im gesamten Bundesgebiet, damit ist die obige Tabelle ab 2001 auch für die **neuen Bundesländer** anwendbar.

d) Besonderheiten beim Bezug von Erziehungsgeld

Der Bemessung der Beiträge für die gesetzliche Krankenversicherung wird üblicherweise das voraussichtliche Arbeitseinkommen aus einem Kalenderjahr zugrunde gelegt („Jahresarbeitseinkommen"). Dies gilt auch für Zeiten, in denen Erziehungsgeld bezogen wird. Im allgemeinen sind daher während des Bezugs von Erziehungsgeld monatlich die im voraus errechneten monatlichen Beiträge an die KSK zu zahlen.

Das tatsächliche monatliche Einkommen wird jedoch während dieser Zeit vermindert sein. Deshalb bietet § 234 Abs. 1 Satz 2 SGB V die Möglichkeit, die monatlichen Beiträge für die gesetzliche Krankenversicherung zu vermindern. Die Verminderung ergibt sich daraus, daß während des Bezugs von Kindergeld die monatlichen Beiträge nach dem in diesem Zeitraum tatsächlich erwarteten Arbeitseinkommen aus selbständiger künstlerischer oder publizistischer Tätigkeit errechnet wird. Da für diese Zeit regelmäßig mit deutlich weniger Einkommen gerechnet werden kann, fallen entsprechend auch die monatlichen Beiträge geringer aus.

Das gleiche gilt, wenn Erziehungsgeld nur wegen des zu berücksichtigenden Einkommens nicht bezogen wird.

Voraussetzung ist aber, daß das voraussichtliche Arbeitseinkommen während des Bezugs von Erziehungsgeld im Durchschnitt monatlich 325,– € übersteigt. In diesem Fall werden auf Antrag die monatlichen Beiträge wie oben dargestellt ermittelt.

Wenn das Einkommen dagegen in diesem Zeitraum voraussichtlich gleich oder geringer als monatlich 325,– € ausfallen wird, kann von einer Versicherungsfreiheit gem. § 3 Abs. 1 KSVG und damit von einer Beitragsfreiheit ausgegangen werden.

Die geänderte Beitragsberechnung erfolgt jedoch nur auf Antrag des Versicherten.

e) Besonderheiten bei einem Anspruch auf Kranken- oder Mutterschaftsgeld

Das Arbeitseinkommen aus selbständiger künstlerischer oder publizistischer Tätigkeit ist nach § 234 Abs. 1 Satz 3 SGB V in drei Fällen in der gesetzlichen Krankenversicherung nicht beitragspflichtig:

- es besteht ein Anspruch auf Krankengeld,
- es besteht ein Anspruch auf Mutterschaftsgeld,
- ein Rehabilitationsträger leistet während der Durchführung einer Rehabilitationsmaßnahme die Beiträge an die Krankenkasse nach § 251 SGB V.

Es genügt, wenn ein rechtlicher Anspruch auf Krankengeld oder auf Mutterschaftsgeld dem Grunde nach besteht. Nicht erforderlich ist also, daß es auch tatsächlich ausgezahlt wird. Während der Dauer des Anspruchs bzw. während der Rehabilitationsmaßnahme sind demnach vom Versicherten keine Beiträge an die Krankenkasse zu leisten.

f) Zusätzlicher Beitrag für vorgezogenes Krankengeld

Nach dem KSVG Versicherte können beantragen, daß ihnen Krankengeld bereits vor der 7. Woche der Arbeitsunfähigkeit gezahlt wird, sog. vorgezogenes Krankengeld. Die zusätzlichen Beiträge für diese Absicherung trägt der Versicherte allerdings allein, es gibt hierfür keinen Zuschuß von der KSK. Ausführlich zum vorgezogenen Krankengeld oben Seite 105 ff.

g) Fälligkeit der Beiträge und Verzugsfolgen

Der monatliche Beitragsanteil eines Versicherten ist fällig am 5. des Folgemonats, § 16 Abs. 1 Satz 3 KSVG.

Zur Regelung durch § 17 a KSVG n. F., welcher Tag als Tag der Zahlung der Beitragsanteile gilt, siehe oben 1 f).

Kommt der Versicherte mit der Zahlung seiner Beitragsanteile in Rückstand, stellt die KSK das Ruhen der Leistungen fest. Es bleibt dann zwar der Versicherungsschutz erhalten, die zuständige Krankenkasse wird aber keinerlei Leistungen erbringen. Voraussetzungen für dieses Ruhen der Leistungen ist gem. § 16 Abs. 2 KSVG viererlei:

- der Versicherte ist mit einem Betrag in Höhe von Beitragsanteilen für zwei Monate in Rückstand,
- die KSK hat den Versicherten gemahnt und in dieser Mahnung auf die Folge der Säumnis (= Ruhen der Leistungen) hingewiesen,
- zwei Wochen nach der Mahnung ist der Rückstand noch höher als der Beitragsanteil für einen Monat,

- die KSK hat gegenüber dem Versicherten das Ruhen der Leistungen (schriftlich) festgestellt.

Sind diese Voraussetzungen erfüllt, ruhen die Leistungen der Krankenversicherung drei Tage nach Zugang des Bescheides beim Versicherten. Das Ruhen endet erst, wenn alle rückständigen und während des Ruhens fällig gewordenen Beiträge vom Versicherten gezahlt wurden.

In begründeten Fällen ist es der KSK möglich, Ratenzahlungen der ausstehenden Beiträge zu vereinbaren. Solche Fälle sind aber nur gegeben, wenn die sofortige Einziehung mit erheblichen Härten für den Versicherten verbunden wäre, § 76 Abs. 2 Nr. 1 SGB IV. Dann kann zugleich das Ruhen der Leistungen vorzeitig – bevor alle rückständigen Beiträge gezahlt wurden – für beendet erklärt werden, § 16 Abs. 2 Satz 7 KSVG.

Neben dem Ruhen der Leistungen kann die KSK einen **Säumniszuschlag** nach näherer Maßgabe des § 18 KSVG erheben.

3. Die Beiträge zur sozialen Pflegeversicherung

Auch die Beiträge zur sozialen Pflegeversicherung ergeben sich gem. §§ 55, 57 SGB XI aus dem Beitragssatz und dem Jahresarbeitseinkommen („Beitragsbemessungsgrundlage"). Dabei werden wie in der gesetzlichen Krankenversicherung die Beiträge für jeden Kalendertag erhoben. Der Monat ist dabei mit 30 Tagen und das Jahr mit 360 Tagen anzusetzen, § 54 Abs. 2 SGB XI.

a) Beitragssatz

Der Beitragssatz für die soziale Pflegeversicherung wird durch Gesetz festgelegt. Seit dem 1. 7. 1996 liegt er bei 1,7 %, § 55 Abs. 1 SGB XI.

b) Monatliche Mindestbeiträge

Gem. § 57 Abs. 1 SGB XI ist die Regelung des § 234 Abs. 1 SGB V entsprechend anzuwenden. Damit gelten dessen Bestimmungen über die Mindestbeiträge in der gesetzlichen Krankenversicherung auch für die soziale Pflegeversicherung.

Die folgende Übersicht zeigt die Werte für die Jahre 1997–2001:

Jahr	monatlicher Höchstbeitrag (in DM)	monatlicher Mindest- Beitragsanteil (in DM)
1997	12,09	6,05
1998	12,29	6,14
1999	12,49	6,24
2000	12,69	6,34
2001	12,69	6,34

Tab. 17: Mindestbeiträge für die soziale Pflegeversicherung

c) Monatliche Höchstbeiträge

Gem. § 16 a KSVG iVm § 55 Abs. 2 SGB XI beträgt die Beitragsbemessungsgrenze für die soziale Pflegeversicherung 75 % der Beitragsbemessungsgrenze der Rentenversicherung der Arbeiter und Angestellten (s. zur gleichen Regelung für die gesetzliche Krankenversicherung oben S. 123).

Daraus ergeben sich als monatliche Höchstbeiträge für die soziale Pflegeversicherung in den Jahren 1997 bis 2001 folgende Werte:

Jahr	monatlicher Höchstbeitrag (in DM)	monatlicher Mindest- Beitragsanteil (in DM)
1997	104,55	52,27
1998	107,10	53,55
1999	108,36	54,18
2000	109,65	54,82
2001	110,92	55,46

Tab. 18: Höchstbeiträge für die soziale Pflegeversicherung

d) Fälligkeit der Beiträge und Verzugsfolgen

Der monatliche Beitragsanteil des Versicherten zur sozialen Pflegeversicherung ist fällig zum 5. des Folgemonats, § 16a Abs. 1 Satz 2 KSVG.

Zur Regelung durch § 17a KSVG n. F., welcher Tag als Tag der Zahlung der Beitragsanteile gilt, siehe oben S. 120.

Hinsichtlich der Verzugsfolgen verweist § 16a KSVG auf die Regelung bei der gesetzlichen Krankenversicherung nach § 16 Abs. 2 KSVG. Die KSK spricht also auch hier das Ruhen der Leistungen aus der Versicherung aus, wenn der Versicherte mit den Zahlungen in Rückstand gerät. Insofern gelten die obigen Ausführungen auf S. 125 f. entsprechend.

4. Beitragserstattung

Soweit der Versicherte Beiträge zu Unrecht leistet, weil von ihm entweder nur geringere Beiträge oder – bei Beitragsfreiheit – gar keine Beiträge zu leisten waren, muß die KSK diese Beiträge zurückzahlen, § 21 KSVG. Diese Pflicht besteht von Amts wegen, es bedarf daher keines besonderen Antrags seitens des Versicherten (der natürlich die KSK bei einer möglichen Überzahlung informieren sollte).

Wird ein Antrag auf Rückzahlung allerdings nicht gestellt, sind die überzahlten Beiträge von der KSK nicht zu verzinsen, § 21 Abs. 3 KSVG iVm § 27 Abs. 1 SGB IV! Voraussetzung der Verzinsung ist das Vorliegen eines vollständigen Antrags, der alle für die Entscheidung über die Rückzahlung notwendigen Angaben und Unterlagen enthält.

Die Rückzahlung von Beiträgen zur gesetzlichen Renten- oder Krankenversicherung ist gem. § 21 Abs. 1 Satz 2 KSVG iVm § 26 Abs. 2 SGB IV in zwei Fällen **ausgeschlossen**:

- Rentenversicherung: wenn die BfA aufgrund der Beiträge bereits Leistungen (Rentenzahlungen etc.) erbracht hat. Aufgrund der Beiträge heißt, daß sich die überhöhten Beiträge auch erhöhend auf die Rentenleistung ausgewirkt haben müssen;
- Krankenversicherung: wenn der zuständige Krankenversicherungsträger für den Zeitraum, für den Beiträge entrichtet wurden,

bereits Leistungen erbracht oder sich bereits zur Leistung verpflichtet hat; dies gilt nach der Rechtsprechung des BSG nicht für Sachleistungen.

Allerdings sind gem. § 26 Abs. 2 SGB IV die Beiträge in jedem Fall dann zurückzuerstatten, wenn sie in Zeiten gezahlt wurden, in denen eigentlich Beitragsfreiheit bestand. Solche beitragsfreien Zeiten bestehen etwa während des Bezugs von Krankengeld, Mutterschaftsgeld oder Erziehungsgeld.

Die KSK kann die überzahlten Beiträge mit zukünftigen Beiträgen verrechnen, wenn der Versicherte damit einverstanden ist, § 21 Abs. 2 KSVG.

Die Ansprüche unterliegen der **Verjährung**. Die Beiträge können nur für maximal vier Jahre zurückgefordert werden. Die Verjährung beginnt mit Ablauf des Jahres, in dem die Beiträge fällig waren (also am 1. 1. des Folgejahres um 0 Uhr), und endet vier Jahre später (mit Ablauf des 31. 12. um 24 Uhr).

Beispiel: Ein Versicherter hat zwischen dem 1. 7. 1998 und dem 31. 12. 1998 zu hohe Beiträge für die Krankenversicherung geleistet. Die Verjährungsfrist des Rückzahlungsanspruchs für die Beiträge beginnt am 1. 1. 1999 um 0 Uhr und endet am 31. 12. 2002 um 24 Uhr.

Wurden die überhöhten Beiträge weiter bis zum 31. 12. 1999 gezahlt, gilt:
- für die Beiträge zwischen dem 1. 7. und 31. 12. 1998 wie oben;
- für die Beiträge zwischen dem 1. 1. und 31. 12. 1999 beginnt die Verjährung am 1. 1. 2000 und endet am 31. 12. 2003.

Teil 6

Die Durchführung des Verwaltungsverfahrens bei der Künstlersozialkasse

Ob die Voraussetzungen der Versicherungspflicht im Einzelfall vorliegen, entscheidet die KSK nach Erhalt des Meldebogens und aller weiteren erforderlichen Unterlagen. Wird die Versicherungspflicht nach dem KSVG festgestellt, gelten für den Versicherten damit alle Rechte und Pflichten, die sich aus diesem Gesetz ergeben. Zu den Pflichten gehören insbesondere fortlaufende Melde- und Auskunftspflichten, etwa über das voraussichtliche Jahresarbeitseinkommen.

Die KSK kann aber auch zu einer ablehnenden Entscheidung kommen. In diesem Fall stehen dem Betroffenen Widerspruch und Klage vor den Sozialgerichten offen.

I. Das Antragsverfahren bis zur Entscheidung durch die Künstlersozialkasse

Damit das Verfahren von der KSK eingeleitet werden kann, sind selbständige Künstler und Publizisten verpflichtet, sich bei der KSK zu melden. Daraufhin überprüft die KSK, ob die Voraussetzungen der Versicherungspflicht erfüllt sind. Hierfür wird ein Fragebogen verschickt, in dem der Betroffene detailliert über seine Tätigkeit, seine voraussichtlichen Einkünfte etc. Auskunft zu geben hat. Aufgrund dieser Angaben ergeht dann die Entscheidung.

1. Die Meldepflicht

Wer nach dem KSVG in der gesetzlichen Renten- oder Krankenversicherung oder in der sozialen Pflegeversicherung versichert wird, hat sich gem. § 11 Abs. 1 iVm § 1 KSVG bei der KSK zu melden.

a) Wer muß sich bei der Künstlersozialkasse melden?

Bei der KSK muß sich melden, wer
- Künstler oder Publizist,
- selbständig,
- erwerbsmäßig und nicht nur vorübergehend tätig ist und
- nicht mehr als einen Arbeitnehmer beschäftigt.

Auf Fragen des voraussichtlichen Arbeitseinkommens kommt es hier noch nicht an. Über eine mögliche Versicherungsfreiheit, etwa wegen Unterschreitens der Geringfügigkeitsgrenze von 7560,– DM / 3900,– €, entscheidet die KSK erst nach Prüfung der Sachlage.

> **Unterscheiden Sie die „Meldepflicht" von der „Versicherungspflicht".** Wer die vier Voraussetzungen des § 1 KSVG erfüllt, muß sich nach § 1 KSVG bei der KSK melden. Die Meldung führt dann gem. § 8 Abs. 1 KSVG zur Versicherungspflicht und damit zum Versicherungsschutz. Die Meldung ist also Voraussetzung und frühester Zeitpunkt des Versicherungsschutzes.

b) Der notwendige Inhalt der Meldung

Die Meldung kann mündlich, sollte aber immer schriftlich erfolgen. Nach der bisherigen Verwaltungspraxis der KSK liegt eine Meldung bereits vor, wenn der „Fragebogen zur Feststellung der Versicherungspflicht" unter Hinweis auf die mögliche Versicherungspflicht angefordert wird. Voraussetzung ist in diesem Fall aber, daß der Fragebogen alsbald ausgefüllt an die KSK zurückgeschickt wird.

Empfänger der Meldung ist die KSK (Kontaktadresse siehe Anhang). Es genügt aber gem. § 11 Abs. 1 KSVG iVm § 16 SGB I, wenn die Meldung auch bei folgenden Einrichtungen abgegeben wird:
- bei jedem anderen öffentlich-rechtlichen Sozialleistungsträger,
- bei jeder Gemeinde,
- wenn sich Personen im Ausland aufhalten: bei jeder amtlichen Vertretung der Bundesrepublik.

Zu den anderen öffentlich-rechtlichen Sozialleistungsträgern gehören nicht die privaten Krankenkassen oder Versicherer, auch nicht die Träger der freien Wohlfahrtspflege wie DRK oder AWO.

Wird die Meldung bei einer der oben genannten Einrichtungen abgegeben, ist sie von dieser Einrichtung gem. § 16 Abs. 2 AGB I unverzüglich an den zuständigen Leistungsträger weiterzuleiten. Die Meldung gilt der KSK aber bereits mit dem Tag als zugegangen, in dem sie der anderen Stelle (iSd § 16 SGB I) zuging. Auf das Datum des tatsächlichen Zugangs bei der KSK kommt es also nicht an.

> **Beispiele:** Ein mittlerweile freischaffender Künstler ist bereits Mitglied einer gesetzlichen Krankenkasse und meldet ihr den Beginn seiner selbständigen Tätigkeit mit Schreiben vom 3. 6., welches am 5. 6. bei der Krankenkasse eingeht. Diese leitet die Meldung an die KSK weiter, wo sie am 10. 8. eingeht.
>
> Maßgebliches Datum ist nach § 16 Abs. 2 SGB I hier der Eingang bei der gesetzlichen Krankenkasse. Beginn der Versicherungspflicht ist damit der 5. 6.

c) Beginn des Versicherungsschutzes

Die Versicherung in der gesetzlichen Renten-, Kranken- und Pflegeversicherung beginnt mit dem **Tag, an dem die Meldung bei der KSK eingeht**.

Als Meldung sieht die KSK auch die Anfrage nach Zusendung des Fragebogens an, soweit dieser alsbald ausgefüllt an die KSK zurückgesendet wird.

Dabei ist es unerheblich, ob der Betroffene mit der selbständigen künstlerischen bzw. publizistischen Tätigkeit bereits früher begonnen hat. **Es gibt keine rückwirkende Versicherung bei verspäteter Meldung!**

> **Beispiel:** Ein freier Journalist beginnt am 1. 6. mit seiner selbständigen Tätigkeit. Am 15. 8. geht seine Meldung bei der KSK ein.
>
> Versicherungsbeginn ist nicht rückwirkend der Beginn der selbständigen Tätigkeit (1. 6.), sondern der Tag des Zugangs der Meldung bei der KSK, also der 15. 8. Erst ab diesem Tag wird der Beitragszuschuß in Höhe von 50 % gezahlt.

Andererseits müssen zum Zeitpunkt der Meldung alle Voraussetzungen der Versicherungspflicht erfüllt sein, § 8 Abs. 1 Satz 2 KSVG. Wer bei Meldung an die KSK noch nicht selbständig künstlerisch oder publizistisch arbeitet, nicht erwerbsmäßig und dauerhaft tätig ist oder aber mehr als einen Arbeitnehmer beschäftigt, unterliegt natürlich trotz Meldung nicht der Versicherung nach dem KSVG. Erst wenn alle Voraussetzungen erfüllt sind, kann die Versicherung beginnen.

Beispiel: Es meldet sich am 10. 5. jemand bei der KSK, der aber erst am 1.6. mit seiner selbständigen künstlerischen Tätigkeit beginnt. Versicherungsbeginn ist der 1. 6.

Mit der Meldung bei der KSK hat der Versicherungspflichtige vorerst seine Schuldigkeit getan. Es ist nun an der KSK, die Voraussetzungen der Versicherungspflicht nach dem KSVG zu prüfen und über sie verbindlich zu entscheiden. Kommt es bei dieser Prüfung durch die KSK zu Verzögerungen, hat dies keinen Einfluß mehr auf den Beginn der Versicherung.

Beispiel: Der Grafiker beginnt am 1. 6. mit seiner selbständigen Tätigkeit. Am 3. 6. geht die Meldung bei der KSK ein. Der Bescheid, in dem die KSK verbindlich über die Versicherungspflicht entscheidet, ergeht am 17. 9.

Versicherungsbeginn ist der 3. 6. Denn die behördeninterne Laufzeit für die Bearbeitung der Meldung geht nicht zu Lasten des Versicherten.

Ein **Unterlassen** der Meldung hat zur Folge, daß keine Versicherungspflicht besteht und damit kein Versicherungsschutz. Aus einer tatsächlichen selbständigen künstlerischen oder publizistischen Tätigkeit allein, die der KSK nicht gemeldet wurde, können keine Leistungsansprüche gegen die Sozialversicherungsträger abgeleitet werden!

Beispiel: Ein Musiker hat sich ab dem 1. 6. selbständig gemacht. Eine Meldung bei der KSK unterbleibt. Am 10. 7. wird er krank, der behandelnde Arzt stellt eine Arbeitsunfähigkeit bis zum 30. 9. fest. Nun meldet sich der Musiker bei der KSK (Zugang der Meldung dort am 20. 7.). Der Bescheid über das Bestehen der Versicherungspflicht geht dem Musiker am 10. 8. zu.

Die Versicherungspflicht beginnt aufgrund der Arbeitsunfähigkeit gem. § 8 Abs. 1 Satz 3 KSVG erst mit dem Tag, der dem Ende der Arbeitsunfähigkeit folgt, hier also am 1. 10.

Damit können keine Ansprüche aus dem KSVG auf Heilbehandlung gegen die Krankenkasse geltend gemacht werden.

---

2. Der Fragebogen und die erforderlichen Nachweise

Auf die Meldung hin verschickt die KSK den „Fragebogen zur Prüfung der Versicherungspflicht nach dem KSVG". Anhand der Beantwortung der Fragen und ggf. weiterer Auskünfte entscheidet die KSK über Bestehen und Umfang der Versicherungspflicht. Zu der Beantwortung der Fragen ist der Betroffene gem. § 11 Abs. 2 KSVG verpflichtet.

Der Fragebogen gliedert sich in 6 Teile. Im ersten Teil sind persönliche Angaben wie Name, Anschrift, Bankverbindung und einer evtl. schon bestehenden Versicherungsnummer in der Sozialversicherung gefragt.

Im zweiten Teil (Fragen 1–10) ist anzugeben, welche künstlerische(n) oder publizistische(n) Tätigkeit(en) selbständig ausgeübt wird bzw. werden. Die Tätigkeiten werden kategorisiert nach den vier Bereichen Musik, darstellende Kunst, bildende Kunst und Wort. Je nach ausgeübter Tätigkeit müssen gesondert nähere Beschreibungen der konkreten Tätigkeit erfolgen. Dies ist insbesondere bei handwerklichen Berufen sowie bei Ausbildern und Pädagogen der Fall, um den künstlerischen bzw. publizistischen Gehalt der Tätigkeit zu überprüfen. Außerdem werden Fragen zur Feststellung der anderen Voraussetzungen der Versicherungspflicht gestellt, also der Selbständigkeit, der Erwerbsmäßigkeit und Dauerhaftigkeit sowie der Beschäftigung von Arbeitnehmern.

Der dritte Teil (Fragen 11–13) bezieht sich auf andere Einkünfte, die neben der selbständigen künstlerischen bzw. publizistischen Tätigkeit erzielt werden. Dies ist relevant für die Versicherungsfreiheit nach § 3 Abs. 1 KSVG (s. oben S. 54 ff.).

Im vierten Teil (Fragen 14–21) sind Angaben zu einer schon bestehenden Rentenversicherung zu machen. In diesem Fall kann Versicherungsfreiheit nach § 4 KSVG eintreten.

Nach einer bestehenden Versicherung in der Kranken- bzw. Pflegeversicherung fragt der fünfte Teil (Fragen 22–26). Hier ist auch anzugeben, welche Krankenkasse gewählt wird und – wenn gewünscht – das vorgezogene Krankengeld (s. oben S. 105 ff.) zu beantragen.

Im sechsten Teil (Fragen 27–28) können Berufsanfänger und

Höherverdienende die Befreiung von der gesetzlichen Krankenversicherungspflicht beantragen (s. oben S. 81 ff.).

In einer abschließenden Frage (29) sind Angaben zu machen über die Auftraggeber des Antragstellers. Die Beantwortung dieser Frage hat keinen Einfluß auf die Versicherungspflicht. Die KSK erfährt auf diese Weise aber, welche Unternehmen Entgelte an selbständige Künstler und Publizisten zahlen und deshalb an die KSK die Künstlersozialabgabe zu leisten haben. Aus den Einnahmen dieser Abgabe wird der Zuschuß der KSK an die Versicherten mitfinanziert.

Je nach Einzelfall sind dem Fragebogen weitere Nachweise beizufügen. Es kann sich dabei um die oben schon genannte ausführliche Tätigkeitsbeschreibung handeln und um Tätigkeitsnachweise. Als Nachweise lassen sich u. a. nennen:

- eigene Werke (Fotos, Kopien)
- Besprechungen/Kritiken
- Kataloge
- Prospekte
- Vertragskopien
- Honorarzahlungen/Rechnungen
- Immatrikulationsbescheinigungen
- Preise
- Stipendien
- Mitgliedschaften in berufsständischen Vereinigungen

3. Die Entscheidung durch die KSK

Anhand der Antworten auf dem Fragebogen entscheidet die KSK über die Versicherungspflicht. Wenn alle Voraussetzungen des KSVG erfüllt sind, wird sie die Versicherungspflicht bejahen. In diesem Fall geht dem Betroffenen ein Bescheid hierüber zu. Soweit eine Versicherungspflicht zu verneinen ist, ergeht ein ablehnender Bescheid.

II. Nach der Feststellung der Versicherungspflicht

Hat die KSK die Versicherungspflicht nach dem KSVG bejaht, tritt der Versicherungsschutz ein. Bei einer Meldung ist dies rückwirkend der Tag des Zugangs der Meldung bei der KSK. Hat die KSK ohne Meldung von der Versicherungspflicht Kenntnis erlangt, gilt der Versicherungsschutz ab dem Tag des Zugangs des Bescheides beim Versicherten, § 8 Abs. 1 KSVG.

Von diesem Tag an können also die Leistungen der Versicherungsträger beansprucht werden. Teilweise sind jedoch weitere Voraussetzungen zu erfüllen, etwa Mindestbeitragszeiten bei der gesetzlichen Rentenversicherung.

Neben den Ansprüchen aus dem Versicherungsverhältnis finden sich eine Reihe von Melde-, Auskunfts- und Mitwirkungspflichten. Sie betreffen hauptsächlich das Fortbestehen der Versicherungspflicht und das voraussichtliche Einkommen, aus dem sich die monatliche Beitragshöhe errechnet. Diese Pflichten werden flankiert von Kontrollmöglichkeiten seitens der KSK.

Berufsanfänger und Höherverdienende haben die Möglichkeit, sich von der Versicherungspflicht in der gesetzlichen Krankenversicherung befreien zu lassen. Zu den Anträgen und der Antragsfrist s. oben S. 81 ff.

1. Beratungs- und Abrechnungspflichten der Künstlersozialkasse

Die KSK steht gegenüber den Versicherten in der Pflicht, Aufklärung und Beratung in Fragen der Künstlersozialversicherung zu leisten. Außerdem muß sie jedem Versicherten eine jährliche Abrechnung der Beitragsleistungen erbringen.

Da die KSK jedoch kein Versicherungsträger ist, muß sich der Versicherte mit Fragen zur Erbringung von Versicherungsleistungen an den jeweiligen Versicherungsträger wenden, also die Renten-, die Kranken- oder die Pflegekasse.

a) Aufklärungs- und Beratungspflichten

Gem. § 47 KSVG hat die KSK die Versicherten über deren Rechte und Pflichten aufzuklären und zu beraten.

Die **Aufklärungspflicht** der KSK dient der allgemeinen Information und Unterrichtung der betroffenen Kreise, nicht aber der konkreten Beratung eines Versicherten im Einzelfall. Der Aufklärungspflicht kommt die KSK durch ihre Öffentlichkeitsarbeit nach, durch das Anfertigen von Broschüren, Informationsschriften oder Pressemitteilungen.

Die **Beratungspflicht** hingegen dient der rechtsverbindlichen Beratung des einzelnen Versicherten über die tatsächlichen und rechtlichen Verhältnisse im Hinblick auf die Versicherung nach dem KSVG. Die KSK muß dem Versicherten die Informationen vermitteln, die dieser zur Ausübung seiner Rechte und Pflichten aus dem KSVG benötigt. Keinesfalls aber muß die KSK von sich aus den Versicherten etwa auf den drohenden Ablauf von Fristen hinweisen!

In jedem Fall muß die KSK auf eine konkrete Frage hin beraten. Darüber hinaus muß sie auch über die einzelne Frage hinaus beraten, wenn sich dies als zweckmäßig aufdrängt, um den Versicherten auf sog. „naheliegende Gestaltungsmöglichkeiten" hinzuweisen. In diesen Fällen muß die KSK von sich aus beispielsweise auf etwaige Nachteile hinweisen, auch wenn der Versicherte nicht ausdrücklich nach Nachteilen gefragt hat.

Jeder Versicherte hat Anspruch auf eine richtige und umfassende Beratung. Da die Beratung verbindlich ist, steht die KSK für eine falsche oder unvollständige und dadurch für den Versicherten nachteilige Beratung ein. Dem Versicherten stehen dann der sozialrechtliche Herstellungsanspruch oder ein Amtshaftungsanspruch zur Seite. Mittels des Herstellungsanspruchs soll der frühere oder ein vergleichbarer Zustand wiederhergestellt werden.

Beispiel: Aufgrund einer falschen Beratung versäumt ein Versicherter eine wichtige Antragsfrist. Der sozialrechtliche Herstellungsanspruch führt aber dazu, daß der Versicherte den Antrag trotz Fristablaufs nachholen kann.

Der Amtshaftungsanspruch ist ein Anspruch auf Schadensersatz. Die KSK hat dann den durch die falsche oder unvollständige Beratung entstandenen Schaden zu ersetzen. Im Gegensatz zum sozialrechtlichen Herstellungsanspruch setzt der Amtshaftungsanspruch allerdings ein individuelles Verschulden des beratenden Mitarbeiters voraus.

b) Abrechnung über Beitragsleistungen

Nach § 20 KSVG muß die KSK jedem Versicherten jährlich eine Abrechnung erteilen, in der die von ihm an die KSK geleisteten Beitragsanteile und die von der KSK für ihn an die Einzugsstelle gezahlten Versicherungsbeiträge aufgelistet sind. Ebenso erhalten Zuschußberechtigte eine Abrechnung.

Die Jahresabrechnung ist zugleich die Bescheinigung im Sinne des § 25 der Datenerfassungs- und Übermittlungsverordnung (DEÜV) über die im Vorjahr gemeldeten sozialversicherungsrechtlichen Daten.

2. Auskunfts- und Meldepflichten des Versicherten

Dem Versicherten obliegen bestimmte Melde-, Auskunfts-, Nachweis- und Mitwirkungspflichten. Diese begriffliche Unterscheidung hat durchaus Konsequenzen für das Ausmaß der Pflicht. Meldepflichten muß der Betroffene ohne Aufforderung seitens der Behörde aus eigenem Antrieb nachkommen. Auskunftspflichten bestehen nur nach besonderer Anfrage bei der Behörde. Bei Mitwirkungspflichten muß der Betroffene aktiv mitwirken, beispielsweise erforderliche Unterlagen heraussuchen und übergeben.

Das KSVG bestimmt in den §§ 10–13 die folgenden Pflichten des Versicherten:

a) Auskunftspflicht über alle das Versicherungsverhältnis betreffende Verhältnisse

Gem. § 11 Abs. 2 KSVG hat der Versicherte „auf Verlangen die Angaben [zu machen], die zur Feststellung der Versicherungspflicht, der Höhe der Beiträge und der Beitragszuschüsse erforderlich sind". Die Pflichten aus dieser Generalklausel werden in anderen Normen präzisiert. Daneben werden dem Versicherten im Feststellungsbescheid der KSK umfangreiche Mitteilungspflichten auferlegt.

Der Versicherte muß der KSK nach § 11 Abs. 2 KSVG also alle Angaben machen, die das Versicherungsverhältnis insgesamt betreffen. Hierzu gehören zum einen alle Fragen, welche die Versicherungspflicht betreffen, also

- die künstlerische oder publizistische Tätigkeit,
- die Selbständigkeit,
- die Berufsmäßigkeit und Dauerhaftigkeit und
- die Beschäftigung von Arbeitnehmern.

Wird beispielsweise die selbständige Tätigkeit zugunsten einer abhängigen Beschäftigung aufgegeben oder ein zweiter Arbeitnehmer beschäftigt, ist dies der KSK mitzuteilen. Gleiches gilt für alle Fragen, welche die Höhe der Beiträge bzw. der Beitragszuschüsse betreffen. Hier trifft § 12 eine genaue Regelung (dazu sogleich unter b).

Nach dem Gesetzeswortlaut müssen die genannten Angaben nur auf Verlangen der KSK gemacht werden – also erst auf deren konkrete Anfrage hin. Aber: der Bescheid, in dem die KSK die Versicherungspflicht anerkennt, enthält regelmäßig auch die Auflage, die relevanten Änderungen selbständig und ohne Aufforderung der KSK mitzuteilen!

Ein **Unterlassen** durch den Versicherten kann gem. § 36 Abs. 1 Nr. 1 und 2 KSVG als Ordnungswidrigkeit mit einer Geldbuße bis zu 5000,– € geahndet werden. Dies gilt auch, wenn **falsche oder unvollständige Angaben** gemacht werden.

b) Meldung des voraussichtlichen Jahresarbeitseinkommens

Gem. § 12 Abs. 1 ist das für ein Kalenderjahr zu erwartende Arbeitseinkommen aus selbständiger künstlerischer bzw. publizistischer Tätigkeit im voraus zu schätzen und bis zum 1. 12. des Vorjahres der KSK zu melden. Zu diesem Zweck verschickt die KSK im Oktober eines Jahres die entsprechenden Meldeformulare.

> **Beispiel:** Das voraussichtliche Arbeitseinkommen des Jahres 2002 ist bis zum 1. 12. 2001 zu melden.

Das Jahresarbeitseinkommen ist der KSK aber nur bis zur jeweiligen Beitragsbemessungsgrenze mitzuteilen. Die monatliche Beitragshöhe bleibt ab dieser Summe gleich, so daß die Kenntnis des genauen Einkommens ab dieser Summe für die Berechnung der Beiträge nicht „erforderlich" im Sinne des § 11 Abs. 2 KSVG und deshalb vom Versicherten nicht offenzulegen ist.

Wer die Meldung vorsätzlich oder fahrlässig nicht, nicht richtig oder nicht vollständig macht, kann gem. § 36 Abs. 1 Nr. 3 KSVG mit einem **Bußgeld** bis zu 5000,– € belegt werden.

Wenn ein Versicherter trotz Aufforderung keine Meldung über das voraussichtliche Einkommen abgibt, muß die KSK eine **Schätzung** des voraussichtlichen Einkommens vornehmen. Gleiches gilt, wenn die Meldung in einem erheblichen Widerspruch zu den der KSK bekannten Tatsachen steht und unglaubwürdig ist. Grundlage der Schätzung ist dann die Einkommensentwicklung der letzten Jahre. Darüber hinaus hat die KSK alle ihr bekannten Umstände zu berücksichtigen.

Für **Berufsanfänger**, deren voraussichtliches Jahreseinkommen in dem 3-Jahres-Zeitraum nach Beginn der Tätigkeit (§ 3 Abs. 2 KSVG) wenigstens einmal unter der Geringfügigkeitsschwelle des § 3 Abs. 1 KSVG von 3900,– € lag, trifft § 12 Abs. 1 Satz 3 KSV n. F. eine neue Regelung: Sie müssen der ersten Meldung nach Ablauf dieses Zeitraums vorhandene Unterlagen über das voraussichtliche Einkommen beifügen. Bei diesen Unterlagen kann es sich beispielsweise um Verträge oder Vorverträge handeln. Der KSK soll so die Prüfung erleichtert werden, ob das voraussichtliche Einkommen tatsächlich über der Geringfügigkeitsschwelle liegt.

c) Melde- und Nachweispflichten bei privater oder freiwilliger gesetzlicher Krankenversicherung

Wer als Berufsanfänger oder Höherverdienender von der gesetzlichen Krankenversicherungspflicht befreit wurde, hat einen Anspruch auf Zuschuß zu den Beiträgen für die freiwillige gesetzliche oder private Krankenversicherung (s. oben S. 88 ff.).

Auch diese Zuschußberechtigten müssen der KSK bis zum 1. 12. des Vorjahres das voraussichtliche Jahresarbeitseinkommen melden, § 12 Abs. 1 KSVG. Sie haben der KSK außerdem bis zum 30. 4. des Folgejahres

- das in einem Kalenderjahr tatsächlich aus selbständiger künstlerischer oder publizistischer Tätigkeit erzielte Arbeitseinkommen sowie
- die tatsächlichen Aufwendungen zur Krankenversicherung bis zum 30. 4. des Folgejahres

zu melden, § 10 Abs. 1 Satz 3 KSVG. Aus diesen Angaben wird

nachträglich für das vergangene Kalenderjahr die endgültige Höhe des Zuschusses errechnet.

Die tatsächlichen Aufwendungen für die Krankenversicherung sind durch eine **Bescheinigung der zuständigen Krankenkasse** nachzuweisen.

Werden trotz Aufforderung das voraussichtliche oder das tatsächliche Jahreseinkommen **nicht gemeldet** oder die tatsächlichen Aufwendungen für die Krankenversicherung **nicht nachgewiesen**, entfällt der Anspruch auf den Zuschuß! Der Anspruch lebt erst mit Ablauf des Monats wieder auf, der auf die nachgeholte Meldung folgt.

Beispiel: Wird die Meldung des voraussichtlichen Jahreseinkommens nicht zum 1. 12. durchgeführt, sondern erst am 12. 2. nachgeholt, besteht der Anspruch auf Beitragszuschuß für die freiwillige gesetzliche oder die private Krankenversicherung erst ab dem 1. 4. Die Beiträge zur Krankenversicherung vom 1. 1. bis zum 1. 3. zahlt der Versicherte alleine.

---

d) Angaben über die Auftraggeber

Gem. § 13 KSVG kann die KSK Auskunft darüber verlangen,

* in welchem der Bereiche (Wort, darstellende Kunst, bildende Kunst, Musik) das Arbeitseinkommen jeweils erzielt wurde,
* in welchem Umfang das Arbeitseinkommen auf Geschäften mit zur Künstlersozialabgabe verpflichteten Unternehmen beruhte und
* von welchem zur Künstlersozialabgabe Verpflichteten Arbeitseinkommen bezogen wurde.

Diese Angaben stehen nicht in Zusammenhang mit Fragen der Versicherungspflicht. Sie dienen der KSK allein dazu, möglichst alle diejenigen Unternehmen zu ermitteln, die zur Künstlersozialabgabe verpflichtet sind und dadurch das System der Künstlersozialversicherung mitfinanzieren. Aufgrund dieser Angaben wird die KSK die Künstlersozialabgabepflicht der jeweiligen Auftraggeber prüfen.

Allerdings kann die falsche oder unvollständige Angabe der Auftraggeber nicht als Ordnungswidrigkeit geahndet werden, da ein entsprechender Tatbestand in § 36 KSVG fehlt.

3. Kontrollmöglichkeiten der Künstlersozialkasse

Die KSK hat von Gesetzes wegen die Entrichtung der Beitragsanteile durch die Versicherten zu überwachen. Für die Berechnung der Beitragsanteile und die Überwachung der Versicherungspflicht nach dem KSVG ist die KSK weitestgehend auf die Angaben der Versicherten angewiesen. Deshalb stehen ihr Kontrollrechte zu, um die Richtigkeit der Angaben zu überprüfen. Das Verfahren der förmlichen Prüfung ist in der Beitragsüberwachungsverordnung (vom 13. 10. 1994, BGBl. I S. 2972; der Text ist auszugsweise im Anhang II abgedruckt) geregelt.

a) Anlaß für eine Prüfung durch die KSK

Ob die KSK die Richtigkeit der Angaben eines Versicherten in einem förmlichen Verfahren überprüft, steht zunächst in ihrem Ermessen, § 3 Abs. 2 Satz 2 BeitragsüVO.

Die KSK soll nach § 3 Abs. 2 Satz 1 BeitragsüVO aber eine Prüfung unternehmen, wenn

- Anhaltspunkte dafür vorliegen, daß Angaben über die künstlerische oder publizistische Tätigkeit das voraussichtliche Arbeitseinkommen oder andere für die Durchführung der Versicherung maßgebliche Tatsachen unzutreffend sein könnten oder
- Anhaltspunkte dafür vorliegen, daß über die künstlerische oder publizistische Tätigkeit oder andere für die Durchführung der Versicherung maßgebliche Tatsachen Angaben nicht gemacht wurden oder
- in drei aufeinanderfolgenden Jahren das voraussichtliche Jahresarbeitseinkommen entgegen § 12 Abs. 1 KSVG nicht gemeldet wurde.

b) Ort der Prüfung

Die Prüfung kann im schriftlichen Verfahren oder im Rahmen einer Außenprüfung erfolgen, § 1 Abs. 2 der VO. Die Außenprüfung erfolgt nur im beiderseitigen Einvernehmen in den Geschäfts- oder Privaträumen des Versicherten, ansonsten an einem dritten Ort, § 11 Abs. 2 der VO.

Eine Außenprüfung soll einen Monat vorher angekündigt werden, mindestens jedoch 14 Tage vorher. Eine Ankündigung kann nur unterbleiben, wenn andernfalls der Prüfungszweck gefährdet würde, § 9 Abs. 1, 2 der VO.

c) Durchführung der Prüfung

Der Versicherte hat an der Prüfung mitzuwirken. Konkretisiert wird dieses allgemeine Gebot durch die Auskunftspflicht nach § 6 Abs. 1 und eine Vorlagepflicht nach § 5 Abs. 2 der VO.

Aufgrund der **Auskunftspflicht** sind von den Versicherten die folgenden Angaben zu machen:

- Name, früherer Name, Künstlername und Pseudonym, Geburtsdatum und Wohnsitz oder gewöhnlicher Aufenthalt,
- die Orte, an denen sie ihre künstlerischen oder publizistischen Tätigkeiten ausüben und ausgeübt haben,
- die Art und Weise, in der sie ihre künstlerischen oder publizistischen Tätigkeiten ausüben und ausgeübt haben,
- die Vertragsbeziehungen, die zur Inanspruchnahme ihrer Werke oder Leistungen geführt haben,
- die Namen und die Anschriften derjenigen, die ihre Werke oder Leistungen in Anspruch genommen haben,
- ihre Einnahmen aus künstlerischen oder publizistischen Tätigkeiten sowie die Aufwendungen, die nach den Vorschriften des Einkommensteuerrechts als Betriebsausgaben durch die Tätigkeiten veranlaßt worden sind,
- sonstige Zuwendungen, die sie von zur Abgabe Verpflichteten erhalten haben,
- die für eine Versicherungsfreiheit oder eine Befreiung von der Versicherungspflicht maßgebenden Tatsachen,
- die Annahmen, die der Meldung nach § 12 Abs. 1 Satz 1 des Künstlersozialversicherungsgesetzes zugrunde gelegen haben, soweit dies für die Feststellung der Versicherungspflicht, der Höhe der Beiträge oder Beitragszuschüsse oder für die Erhebung der Künstlersozialabgabe erforderlich ist.

Die **Pflicht zur Vorlage** bezieht sich zunächst nur auf den Einkommensteuerbescheid. Nur wenn der KSK Anhaltspunkte dafür vorliegen, daß Angaben unzutreffend gemacht wurden (§ 3 Abs. 2 Nr. 1 VO), bestehen umfangreiche Vorlagepflichten.

Die KSK kann benötigte Unterlagen auf eigene Kosten kopieren. Computerdateien müssen der KSK als Ausdruck oder in einer lesbaren Reproduktion zur Verfügung gestellt werden.

Der Versicherte hat Anspruch, binnen 3 Monaten nach der Prüfung einen schriftlichen Bericht über Umfang und Ergebnis der Prüfung zu erhalten. Soweit die KSK Mängel feststellt, sind diese unverzüglich zu beseitigen und Vorkehrungen zu treffen, um Wiederholungen der Mängel auszuschließen.

4. Anpassung der Beiträge an geänderte Verhältnisse

Zwei Fälle nennt das KSVG, in denen die monatlichen Beiträge an geänderte Verhältnisse anzupassen sind: eine Änderung der tatsächlichen Einkommensentwicklung **innerhalb** eines Kalenderjahres und ein Umzug von den neuen Bundesländern in die alten oder umgekehrt.

a) Später eintretende Versicherungsfreiheit, Beendigung der Versicherungspflicht

Nach Aufnahme der Tätigkeit und Versicherung über die KSK können sich die beruflichen Verhältnisse des Versicherten ändern: Er kann seinen Beruf ganz aufgeben, ihn künftig als Arbeitnehmer ausführen oder unter die Geringfügigkeitsschwelle des § 3 Abs. 1 KSVG von 3900,– € jährlich fallen. Die KSK wird dann nach der Meldung den ursprünglichen Verwaltungsakt aufheben, in dem die Versicherungspflicht festgestellt wurde.

Zeitpunkt der Aufhebung ist dabei der 1. des Monats, der auf den Monat folgt, in dem die KSK von der Änderung Kenntnis erlangt hat. Die Versicherungspflicht endet also nicht automatisch mit der Änderung der Verhältnisse!

> **Beispiel:** Ein über die KSK versicherter Journalist tritt am 1. 6. 2001 eine Stelle als festangestellter Redakteur an. Er unterrichtet die KSK hierüber im August 2001. Die KSK hebt den ursprünglichen Bescheid, der die Versicherungspflicht feststellte, zum 1. 9. 2001 auf.

Etwas anderes gilt nur, wenn der Versicherte der Meldepflicht vorsätzlich oder grob fahrlässig nicht nachgekommen ist, etwa um den günstigen Sozialversicherungsschutz über die KSK zu behalten, obwohl er mittlerweile eine zwar selbständige, aber keine künstlerische oder publizistische Tätigkeit mehr ausübt. In diesen Fällen soll die KSK gem. § 8 Abs. 2 Satz 2 KSVG iVm § 48 Abs. 1 Nr. 2 SGB X den Verwaltungsakt rückwirkend zur Änderung der tatsächlichen Verhältnisse aufheben.

b) Anpassung an die tatsächliche Einkommensentwicklung

Die KSK errechnet die Beiträge zu den Sozialversicherungen aus dem voraussichtlichen Jahresarbeitseinkommen. Grundlage der Berechnungen ist also eine Prognose über die Einkommensentwicklung. Diese Prognose kann sich bestätigen, regelmäßig wird sie aber dem tatsächlichen Einkommen nur mehr oder weniger nahe kommen.

War die Prognose zu pessimistisch und das tatsächliche Einkommen höher als erwartet, wurden verhältnismäßig zu geringe Beiträge geleistet. Stellt sich die Prognose dagegen als zu optimistisch heraus, hat der Versicherte verhältnismäßig zu hohe Beiträge geleistet, so daß weniger Geld im Monat zum Lebensunterhalt verblieb.

Die ursprüngliche Regelung des KSVG sah vor, daß aufgrund des voraussichtlichen Einkommens auch nur vorläufige Beiträge erhoben wurden. Nach jedem Kalenderjahr wurden dann die endgültigen Beiträge nach dem tatsächlichen Einkommen berechnet und entsprechende Überschüsse gutgeschrieben bzw. Nachforderungen erhoben. Dieses Verfahren hat sich in der Praxis als nicht durchführbar erwiesen.

Aus diesen Erfahrungen hat der Gesetzgeber die Lehren gezogen und das KSVG geändert: **Es gibt keine nachträgliche Änderung der Beiträge zu den Sozialversicherungen.** Stellt sich beispielsweise zur Mitte des Jahres heraus, daß ein erheblich geringeres Arbeitseinkommen erzielt wird als vermutet, werden die bereits gezahlten Beiträge nicht nachträglich gemindert.

Die Höhe der Beiträge kann also **nur für die Zukunft geändert** werden, § 12 Abs. 3 KSVG. Danach ist zur Anpassung außerdem ein **Antrag** des Versicherten notwendig. Die neu berechneten Beiträge gelten erst ab dem Ersten des Monats, der auf den Monat folgt, in dem der Antrag bei der KSK eingeht. Maßgeblich ist also nicht das Datum der tatsächlichen Änderung der Verhältnisse!

> **Beispiel:** Ein freier Schriftsteller hat der KSK zum 1. 12. ein voraussichtliches Jahresarbeitseinkommen im folgenden Jahr von 40 000,– € gemeldet. Nach sechs Monaten zeichnet sich ab, daß das Jahreseinkommen tatsächlich nur bei 25 000,– € liegen wird. Er beantragt daher mit Schreiben vom 28. 6. die Änderung der monatlichen Beiträge. Dieser Antrag geht der KSK am 2. 7. zu.
>
> Die KSK wird aufgrund der neuen Einkommensschätzung die monatlichen Beiträge zur Sozialversicherung neu berechnen. Diese neuen Beiträge gelten ab dem 1. 8. Denn der Antrag ist zwar im Juni verfaßt, der KSK aber erst im Juli zugegangen, die Neuberechnung greift ab dem Folgemonat, also ab August.

5. Vertragsdurchführung mit der zuständigen Renten-, Kranken- bzw. Pflegekasse

Die KSK ist kein Träger der Sozialversicherung. Träger der Sozialversicherung nach dem KSVG sind die BfA für die Rentenversicherung und die jeweilige Kranken- bzw. Pflegekasse für die Kranken- bzw. Pflegeversicherung.

Aufgabe der KSK ist es allein, die **mit dem KSVG in Zusammenhang stehenden Fragen** zu regeln. Hierzu gehört die Prüfung, ob der Betroffene überhaupt der Versicherungspflicht nach dem KSVG unterliegt, die Berechnung und Einziehung der monatlichen Beiträge, die Abführung des sog. Gesamtsozialversicherungsbeitrags an die zuständige Krankenkasse usw.

Die jeweiligen Träger der Sozialversicherung sind hingegen zuständig für alle Fragen, welche die **Durchführung des Versicherungsverhältnisses** betreffen. Wer beispielsweise einen Anspruch auf Krankenbehandlung oder Krankengeld geltend machen will, muß sich an seine Krankenkasse wenden. Rentenansprüche richten sich gegen die BfA, Ansprüche auf Pflegeleistungen wegen Pflegebedürftigkeit gegen die zuständige Pflegekasse.

III. Nach einer Ablehnung der Versicherungspflicht

Nach Prüfung der Angaben auf dem Fragebogen und ggf. Einholung weiterer Auskünfte kann die KSK zu dem Ergebnis kommen, daß die Versicherungspflicht nach dem KSVG nicht vorliegt. Diese Beurteilung kann auf tatsächlichen Umständen beruhen, weil etwa mehr als ein Arbeitnehmer beschäftigt wird. Sie kann ihre Ursache aber auch in einer rechtlichen Wertung haben. Dies ist beispielsweise der Fall, wenn eine bestimmte Tätigkeit nicht als künstlerisch bzw. publizistisch anerkannt wird.

In beiden Fällen stimmt der Betroffene mit der ablehnenden Entscheidung der KSK möglicherweise nicht überein. Glaubt er das KSVG auf seiner Seite, steht ihm ein gesetzlich genau geregeltes Verfahren zur Verfügung, um seine Auffassung überprüfen zu lassen. Überblicksartig läßt sich das Verfahren in zwei Stufen unterteilen. Zunächst überprüfen die KSK selbst bzw. ein spezieller, bei der KSK eingerichteter, unabhängiger Ausschuß in einem Widerspruchsverfahren die Entscheidung. Wird die ablehnende Entscheidung hiernach aufrechterhalten, kann der Betroffene Klage vor den Sozialgerichten erheben. Für dieses Verfahren sind enge zeitliche Fristen zu beachten!

Achtung: Die Hinweise zum Widerspruchsbescheid und zur Klagemöglichkeit ersetzen keine Rechtsberatung im Einzelfall! Vor der Einlegung von Rechtsmitteln empfiehlt sich immer die Beratung durch einen Rechtsanwalt.

---

1. Das Widerspruchsverfahren

Einem gerichtlichen Verfahren geht zwingend das sog. Widerspruchsverfahren voraus, § 39 KSVG iVm § 85 Abs. 2 SGG (weshalb es auch als „Vorverfahren" bezeichnet wird). Wurde dieses Verfahren nicht fristgemäß durchgeführt, ist eine Klage unzulässig! Zweck dieses Verfahrens ist die Überprüfung der angegriffenen Entscheidung durch die Verwaltung selbst.

a) Die Einlegung des Widerspruchs

Das Widerspruchsverfahren ist ein stark formalisiertes Rechtsbehelfsverfahren, für das bestimmte Anforderungen an Form und Frist zu beachten sind.

aa) Inhalt des Widerspruchs: Der Widerspruch muß inhaltlich zum Ausdruck bringen, daß sich der Betroffene durch die Entscheidung beschwert fühlt und eine Überprüfung begehrt. Eine Bezeichnung als „Widerspruch" ist nicht erforderlich. Ebensowenig müssen juristische Fachtermini verwendet werden. Eine Begründung ist auch nicht erforderlich.

bb) Form und Frist: Der Widerspruch muß **schriftlich** eingelegt werden und eigenhändig unterschrieben sein. Die Schriftform ist auch bei Einlegung per Telefax, Telex oder Telegramm gewahrt. Nicht ausreichend ist dagegen die telefonische, also mündliche Einlegung.

Der Widerspruch muß **innerhalb von einem Monat** nach Bekanntgabe des Widerspruchbescheides eingelegt werden. Fristbeginn ist der Zugang des Widerspruchsbescheides beim Betroffenen. Für das Fristende zählt das Datum des Zugangs des Widerspruchs bei der KSK.

Enthält der Widerspruchsbescheid keine oder keine vollständige Rechtsbehelfsbelehrung, beträgt die Frist zur Einlegung des Widerspruchs ein Jahr ab Zustellung, § 66 SGG.

Der Betroffene kann unverschuldet daran gehindert worden sein, die Frist einzuhalten. In diesem Fall kann die sog. Wiedereinsetzung in den vorigen Stand beantragt werden, § 67 SGG. Diese Wiedereinsetzung muß innerhalb von einem Monat nach Wegfall des Hindernisses beantragt werden. In dieser Frist muß auch der Widerspruch nachgeholt werden.

b) Die Entscheidung durch die KSK oder einen speziellen Ausschuß

Zunächst überprüft die KSK selbst die Sach- und Rechtslage und die Rechtmäßigkeit ihrer Entscheidung. Sie kann dem Widerspruch im Sinne des Betroffenen stattgeben und die Versicherungspflicht nach dem KSVG feststellen (sog. **Abhilfebescheid**). In diesem Fall erstattet die KSK dem Betroffenen die zur zweckentsprechenden Rechtsverfolgung notwendigen Aufwendungen, § 63 SGB X. Hierzu gehören Porto- und Telefonkosten ebenso wie eine anwaltliche Beratung. Ebenso werden die Gebühren und Auslagen eines Rechtsanwalts bei Mandatserteilung übernommen, wenn dessen Zuziehung und Bevollmächtigung notwendig war. Die Notwendigkeit wird regelmäßig nur bei eindeutiger Sach- und Rechtslage zu verneinen sein.

Soweit die KSK bei ihrer ursprünglichen Entscheidung bleibt und dem Widerspruch nicht abhilft, überweist sie diesen an einen speziellen **Ausschuß**. Bei der KSK werden gem. § 39 Abs. 1 KSVG vier dieser Ausschüsse gebildet, je einer für die Bereiche Wort, Musik, darstellende Kunst und bildende Kunst. Jeder Ausschuß ist mit drei Mitgliedern besetzt, je einem Vertreter der Versicherten, der Abgabepflichtigen und der KSK. Die Mitglieder sind gem. § 39 Abs. 3 KSVG unabhängig und nur dem Gesetz unterworfen. Sie sind also nicht an die Auffassung der KSK gebunden und treffen eine eigene – und die KSK bindende – Entscheidung über den Widerspruch.

Der Ausschuß prüft die Sach- und Rechtslage und schließt bei dieser Prüfung auch die Argumente ein, die von dem Betroffenen in seinem Widerspruch angeführt worden sind. Eine persönliche Anhörung des Betroffenen durch den Ausschuß erfolgt nicht.

Nach Prüfung der Sach- und Rechtslage erläßt der Ausschuß einen abschließenden Bescheid, der das Widerspruchsverfahren beendet.

Der Ausschuß kann dem Widerspruch stattgeben und die Versicherungspflicht bejahen. Er kann den Widerspruch aber auch abweisen (sog. **Widerspruchsbescheid**). Grund der Abweisung können formelle Fehler des Widerspruchs sein, etwa bei nicht fristgemäßer Einlegung. Grund kann aber auch sein, daß der Ausschuß zum gleichen inhaltlichen Ergebnis kommt wie die KSK und beispielsweise die Versicherungspflicht nicht feststellt. In diesem Fall steht dem Betroffenen der Weg zu den Sozialgerichten offen. Wird keine Klage erhoben, trägt der Widerspruchsführer die Kosten eines erfolglosen Widerspruchsverfahrens.

2. Das Klageverfahren vor den Sozialgerichten

Nach – negativem – Ausgang des Vorverfahrens kann Klage zum Sozialgericht erhoben werden. Wie schon für den Widerspruch gelten auch für die Klage inhaltliche und förmliche Anforderungen.

Zuständig ist zunächst das (erstinstanzliche) Sozialgericht, bei dem der Kläger seinen Wohnsitz hat. Die Klage ist schriftlich und eigenhändig unterschrieben innerhalb von einem Monat nach Zustellung des Widerspruchsbescheids zu erheben. Vor dem Sozialgericht ist eine anwaltliche Vertretung oder eine sonstige Bevollmächtigung eines Rechtskundigen nicht gesetzlich vorgeschrieben. Außerdem entstehen durch das Verfahren keine Gerichtskosten, § 183 SGG (wohl aber Anwaltskosten, welche im Falle des Obsiegens die KSK zu tragen hat).

Bei einem abweisenden Urteil steht die Berufung zum Landessozialgericht (LSG) offen. Letzte Instanz ist das Bundessozialgericht (BSG) in Kassel. Allerdings muß die Revision zum BSG vom entscheidenden LSG besonders zugelassen werden.

3. Weitere Möglichkeit: Neuer Antrag

Die Ablehnung der Versicherungspflicht durch die KSK ist kein dauerhafter Ausschluß von der Künstlersozialversicherung. Der Bescheid besagt lediglich, daß die KSK unter den derzeitigen Umständen die Voraussetzungen des KSVG als nicht erfüllt ansieht.

> **Beispiel:** Die KSK hat auf die Meldung hin eine Versicherungspflicht mit dem – zutreffenden – Hinweis abgelehnt, daß die künstlerische Tätigkeit mit 6 Wochen nicht auf Dauer, sondern nur vorübergehend ausgeübt werden soll.

Da sich die Umstände jedoch jederzeit ändern können, können die Voraussetzungen für eine Versicherungspflicht später, nach einer Meldung und Prüfung durch die KSK, erfüllt werden.

> Wenn in dem obigen Beispiel später der endgültige Sprung in die Selbständigkeit gewagt und die künstlerische bzw. publizistische Tätigkeit dauerhaft ausgeübt wird, sind alle Voraussetzungen des KSVG erfüllt.

4. Checkliste: Was muß ich als nächstes tun?

Was Sie im einzelnen zu unternehmen haben, hängt von dem Verfahrensstadium ab, in dem Sie sich jeweils befinden.

(A) Sie haben sich bei der KSK noch nicht gemeldet

1. Schritt: Prüfung der Meldepflicht

Bei der KSK müssen Sie sich gem. § 11 Abs. 1 KSVG melden, wenn Sie

- berufsmäßig und dauerhaft
- selbständig
- künstlerisch bzw. publizistisch tätig sind und
- für diese Tätigkeit nicht mehr als einen Arbeitnehmer beschäftigen.

Die Fragen der Versicherungsfreiheit, etwa wegen geringfügigen Einkommens, spielen bei der Meldepflicht noch keine Rolle. Dies wird von der KSK geprüft.

2. Schritt: Meldung bei der KSK

Wenn Sie die Voraussetzungen nach dem KSVG erfüllen, melden Sie sich bei der KSK als möglicherweise versicherungspflichtig und bitten um Zusendung des Fragebogens zur Feststellung der Versicherungspflicht.

3. Schritt: Der Fragebogen der KSK

Nach Ihrer Meldung wird Ihnen die KSK den besagten Fragebogen zuschicken. Füllen Sie diesen Fragebogen aus, fügen Sie die erforderlichen Unterlagen bei und senden Sie ihn zurück.

Die KSK muß Sie gem. § 47 KSVG über Ihre Rechte und Pflichten aufklären und beraten. Sie können sich mit Fragen also jederzeit an die KSK wenden.

(B) Die KSK hat Ihre Versicherungspflicht nach dem KSVG festgestellt

1. Schritt: Fristen für Berufsanfänger und Höherverdienende beachten

Sind Sie Berufsanfänger, sollten Sie die Möglichkeit beachten, sich innerhalb von drei Monaten nach Feststellung der Versicherungspflicht gem. § 6 KSVG von der gesetzlichen Krankenversicherungspflicht befreien zu lassen.

Höherverdienende können sich unter den Voraussetzungen des § 7 KSVG ebenfalls von der gesetzlichen Krankenversicherungspflicht befreien lassen. Der Antrag ist bis zum 31.3. des Jahres zu stellen, welches dem maßgeblichen Dreijahreszeitraum folgt.

2. Schritt: Meldung aller relevanten Veränderungen, welche die Versicherungspflicht betreffen

Gem. § 11 Abs. 2 KSVG müssen Sie der KSK (auf Verlangen?) alle Veränderungen der tatsächlichen Umstände mitteilen, welche die Versicherungspflicht betreffen. Die KSK wird daraufhin prüfen, ob die Voraussetzungen des KSVG weiterhin erfüllt sind und ggf. den ursprünglichen Bescheid aufheben.

3. Schritt: Meldung des voraussichtlichen Jahresarbeits-einkommens

Gem. § 12 Abs. 1 KSVG müssen Sie der KSK bis zum 1.12. des jeweiligen Vorjahres das voraussichtliche Jahresarbeitseinkommen aus der selbständigen künstlerischen oder publizistischen Tätigkeit melden.

Zuschußberechtigte müssen gem. § 12 Abs. 2 KSVG darüber hinaus bis zum 31.5. des jeweiligen Folgejahres das tatsächlich erzielte Jahreseinkommen und die tatsächlichen Aufwendungen für die (freiwillige gesetzliche oder private) Krankenversicherung melden.

(C) Die KSK hat die Versicherungspflicht nach dem KSVG verneint

1. Schritt: Prüfen Sie den Bescheid der KSK

Bei einer Ablehnung der Versicherungspflicht durch die KSK prüfen Sie zunächst in Ruhe die Begründung der Versagung. Prüfen Sie insbesondere, ob die Versagung auf tatsächlichen Gründen oder auf rechtlichen Erwägungen beruht.

Führten tatsächliche Umstände, etwa die Anzahl von Arbeitnehmern, zu der Versagung, sollten Sie prüfen, ob die von der KSK zugrunde gelegten Tatsachen richtig sind oder ob ein Irrtum seitens der KSK vorliegt.

Wenn die Ablehnung auf rechtlichen Gründen beruht (Bsp.: die Künstlereigenschaft eines VHS-Dozenten wird verneint): überlegen Sie, ob die KSK möglicherweise Recht haben kann.

Andernfalls kann eine rechtliche Beratung erforderlich sein, ob ein Widerspruch gegen den Bescheid erfolgversprechend ist.

2. Schritt: Einlegen eines Widerspruchs

Wenn Sie die Argumentation der KSK nicht überzeugt, können Sie innerhalb eines Monats nach Bekanntgabe des Bescheides Widerspruch einlegen. Der Widerspruch bedarf keiner rechtlichen Begründung.

Der Widerspruch kann bereits zum Erfolg führen, wenn die KSK oder der Widerspruchsausschuß eine Versicherungspflicht nun feststellen. Andernfalls ergeht der sog. Widerspruchsbescheid.

3. Schritt: Erheben der Klage vor dem Sozialgericht

Prüfen Sie auch hier erneut die Argumentation. Wenn Sie Ihrerseits weiterhin von einer Versicherungspflicht ausgehen, können Sie innerhalb eines Monats nach Zustellung des Widerspruchsbescheides Klage vor dem Sozialgericht erheben.

Anhang

Übersicht

I. Übersicht: 400 künstlerische und publizistische Berufe und ihre Einordnung in das System der Künstlersozialversicherung

Vom Akrobaten bis zum Zauberer sind in der folgenden Liste 400 Berufe und Tätigkeiten mit deren Zuordnung zum System der Künstlersozialversicherung aufgeführt. In der Spalte „Anmerkungen" sind Hinweise auf Einschränkungen oder Bedingungen aus der Praxis der KSK enthalten sowie auf ergangene Gerichtsentscheidungen.

Diese Liste gibt nur Auskunft darüber, ob und wann ein Beruf in der Regel künstlerisch bzw. publizistisch im Sinne des KSVG ist. Sie sagt noch nichts darüber aus, ob der Beruf abhängig oder selbständig ausgeübt wird! Zu dieser Frage und den weiteren Voraussetzungen einer Versicherungspflicht siehe Teil 2, Abschnitt II.

Die Liste kann nur einen schematischen Überblick für die jeweils genannten Berufe bzw. Tätigkeiten geben. Die Umstände eines Einzelfalles können eine andere Bewertung rechtfertigen und damit eine Versicherungspflicht entgegen der Angabe in der Liste verneinen bzw. bejahen: **Es zählt immer und ausschließlich der jeweilige Einzelfall!**

Legende:

„+" = Versicherungspflicht nach KSVG gegeben

„–" = keine Versicherungspflicht nach KSVG

„+/–" = Versicherungspflicht nur u. U.

„W" = Bereich WORT

„M" = Bereich MUSIK

„D" = Bereich DARSTELLENDE KUNST

„B" = Bereich BILDENDE KUNST

1) = ausführliche Tätigkeitsbeschreibung notwendig

2) = nur, wenn kreative Eigenleistung überwiegt

3) = da nur oder überwiegend handwerkliche Tätigkeit

Beruf	versichert über KSK	Bereich	Anmerkungen
Aikido-Lehrer	–		
Akrobat	+	D	
Aktionskünstler	+/–	D	1)
Aktfotograf			*siehe Fotograf*
Aktmodell	–		
Alleinunterhalter	+	M/D	
Ansager	+	D	
Architekt	–		
Arrangeur			*siehe Musikbearbeiter*
Art-Buyer	–		
Art-Direktor	+/–	B	1)
Art-Designer		B	1)
Artist	+	D	
Astrologe	–		
Atemtherapeut	–		da medizinisch-therapeutisches, nicht künstlerisches Ziel (KSK)
Audio Engineer	–		
Aufnahmeleiter	–		
Auftragsproduzent	+/–	D	regelmäßig überwiegt kaufmännische Tätigkeit (KSK)
Außenrequisiteur			*siehe Requisiteur*
Ausstatter	–		
Ausstattungsmaler	–		
Ausstellungsgestalter	+/–	B	1); nur bei kreativen Designleistungen, nicht bei administrativem Schwerpunkt (KSK)

Beruf	versichert über KSK	Bereich	Anmerkungen
Autor für Bühne, Film, Hörfunk, Fernsehen, Wissenschaft	+	W	
Autorenkorrektur	+	W	
Ballettlehrer	+	D	
Ballettmeister	+	D	
Ballettänzer	+	D	
Batiker	–		
Bauchredner	+	D	
Bauchtänzerin			*siehe Tanz*
Beleuchter	+/–	D	1); nur bei künstlerischen Showeffekten (KSK)
Belletrist	+	W	
Berufsringer			*siehe Catcher*
Beschäftigungstherapeut	–		
Bestattungsredner	–		
Bewegungspädagoge	–		da medizinisch-therapeutisches, nicht künstlerisches Ziel (KSK)
Bildberichterstatter	+	W	
Bildhauer	+	B	nicht Steinbildhauer
Bildingenieur	–		da rein technische Tätigkeit (KSK)
Bildjournalist	+	W	
Bildmeister	–		
Bildmischer	–		
Bildregisseur			*siehe Regisseur*
Bildreporter	+	W	

Beruf	versichert über KSK	Bereich	Anmerkungen
Bildtechniker	–		da rein technische Tätigkeit (KSK)
Bleiverglaser	–		
Body Painter			siehe Körpermaler
Buchbinder	–		3)
Buchdrucker	–		
Buchmaler	+	B	
Bühnenausstatter	–		
Bühnenbildner	+	D	
Bühneneurythmist			siehe Eurythmist
Bühneninspektor	–		
Bühnenmaler	+	D	
Bühnenmeister	–		
Büttenredner	+	D	
Carwalking			siehe Streetwalking
Casting-Direktor	–		
Catcher	–		BSG Urteil v. 26. 11. 1998, Az. B 3 KR 12/97 R
Catering	–		
Cembalobauer	–		BSG Urteil v. 20. 3. 1997, Az. 3 RK 15/96
Choreograph	+	D	
Choreologe	+	D	
Chorleiter	+	M	
Chorsänger			siehe Sänger
Clown	+	D	
Colorist (Trickfilm)	+/–	B	2)

Beruf	versichert über KSK	Bereich	Anmerkungen
Comic-Lettering	+/−	B	2)
Comiczeichner	+	B	
Computerdesigner	+	B	
Computergrafiker	+	B	
Computer-Visualist	−		
Conférencier	+	D	
Continuity	−		
Cutter	−		
Dekorateur	−		
Designberater	−		künstlerischer Anteil über-wiegt nicht (KSK)
Designer	+	B	*siehe auch Industriedesign*
Dessous-Show	+/−	D	wenn zur Unterhaltung, nicht zum Verkauf; BSG Urteil v. 25. 10. 1995, Az. 3 RK 24/94
Dichter	+	W	
Digitalretusche	−		
Dirigent	+	M	
Discjockey	+/−	M	1); wenn über das Auflegen hinaus unterhaltende bzw. gestaltende Tätigkeit (KSK)
Disponent	−		
Dolly-Fahrer	−		
Dolmetscher	−		
Dompteur	+	D	
„Doppelgänger"	+	D/M	
Dozent	+/−	W	nur bei publizistischer

Beruf	versichert über KSK	Bereich	Anmerkungen
			Tätigkeit, nicht bei lehrender Tätigkeit an politischen Bildungseinrichtungen (LSG Berlin Urteil v. 27. 1. 1999, Az. L 15 Kr 31/96 NK)
Drachenbauer	–		rein handwerkliche Tätigkeit (KSK)
Drahtschmuckhersteller	–		
Drahtseilkünstler	+	D	
Dramaturg	+	D	
Drehbuchautor	+	W	
Drehbuchbearbeiter	+	W	
Drehorgelspieler		–	keine eigenschöpferische Leistung (KSK)
Druckvorlagenhersteller	–		
DTP-Publisher	+	B	
Eiskunstläufer	+/–	D	nur im Showbereich (KSK)
Emailleur	+/–	B	2); nicht allein bei VHS-Lehrtätigkeit (KSK)
Entertainer	+	D	
Entwurfsdirektrice	+/–	B	nur, wenn eigene Entwürfe entwickelt werden (KSK)
Equilibrist	+	D	
Eurythmielehrer	+	D	BSG Urteil v. 14. 12. 1994, Az. 3/12 RK 62/93
Event-Manager	–		
Experimenteller Künstler	+	B/D	
Fakir	+/–	D	nur im Rahmen einer Unterhaltungsshow (KSK)

Beruf	versichert über KSK	Bereich	Anmerkungen
Feintäschner	+/–	B	nur, wenn in fachkundigen Kreisen als Künstler anerkannt (BSG Urteil v. 24. 6. 1998, Az. B 3 Kr 13/97 R)
Fernseharchitekt	+	D	
Figurenspieler	+	D	
Filmarchitekt	+/–	D	
Filmausstatter	–		
Filmbildner	+/–	D	
Filmeditor	–		
Filmemacher	+	D	
Filmkaufmann	–		
Filmkomponist			*siehe Komponist*
Filmproduzent	+/–	D	regelmäßig überwiegt kaufmännische Tätigkeit
Filmregisseur			*siehe Regisseur*
Filmtricktechniker	–		
Filmvorführer	–		
Florist	––		rein handwerkliche Tätigkeit (KSK, ebenso SG Dortmund Urteil v. 25. 3. 1992, Az. S 12 KR 153/91)
Food-Stylist	–		
Fotoassistent	–		regelmäßig keine eigenschöpferische Leistung (KSK)
Fotograf	+/–	B/W	1); nur bei Foto-Designern (Werbung, Mode, Industrie) und Presse, regelmäßig

Beruf	versichert über KSK	Bereich	Anmerkungen
			nicht bei Fotografen-Handwerkern
Freemusiker	+	M	
Fremdenführer	–		LSG NRW Urteil v. 22. 6. 1995, Az. L 16 Kr 98/94
Führer für Ausstellungen etc.	–		SG Köln Urteil v. 28. 2. 1994, Az. S 19 KR 170/93
Garderobiere	–		
Gartengestalter	–		
Gebrauchsgrafiker	+	B	
Gebrauchsgüterdesigner	+	B	
Genremaler	+	D	
Geräuschemacher	+	D	
Geräuschetonmeister	+	D	
Gewandmeister	–		
Ghostwriter	+	W	
Glasgestalter	+	B	
Glasmaler	+/–	B	1); nur, wenn in fachkundigen Kreisen als Künstler anerkannt (BSG)
GmbH-Geschäftsführer	+/–		1), nur, wenn der Schwerpunkt der Tätigkeit auf dem Künstlerischen liegt (BSG Urteil v. 16. 4. 1998, Az. B 3 KR 7/97)
Goldschmied	+/–	B	1); nur, wenn in fachkundigen Kreisen als Künstler anerkannt (BSG)
Grafik-Designer	+	B	LSG Bayern Urteil v. 27. 7. 1989; Az. L 4 KR 32/87
Grafiker	+	B	bei Kunstgrafiken

Beruf	versichert über KSK	Bereich	Anmerkungen
Grafikrestaurator	+	B	1), 2)
Hair-Stylist	–		
Handpuppenspieler	+	D	
Hellseher	+	D	nur im Rahmen einer Unterhaltungsshow (KSK)
Hintergrundmaler	+/–	D	2)
Holzbildhauer	+	B	
Holzschnitzer	+/–	B	nur, wenn Tätigkeit mit der eines Bildhauers vergleichbar ist (KSK)
Holzspielzeug	–		rein handwerkliche Tätigkeit, auch bei eigenen Entwürfen (KSK)
Hutmacher	–		
Hypnotiseur	+/–	D	nur im Rahmen einer Unterhaltungsshow (KSK)
Illuminator			*siehe Buchmaler*
Illusionist	+/–	D	nur im Rahmen einer Unterhaltungsshow (KSK)
Illustrator	+	B	bei Airbrush nur ohne Schablonen oder nach eigenen Entwürfen
Imitator	+	D	nur im Rahmen einer Unterhaltungsshow (KSK)
Industrie-Designer	+/–	B	nur, wenn sich die Tätigkeit auf das *Entwerfen* des Designs beschränkt, nicht bei Kombination von Entwurf und Einzel- oder Serienfertigung (BSG Urteil v. 30. 1. 2001, Az. B 3 KR 1/00 R)

Beruf	versichert über KSK	Bereich	Anmerkungen
Informations-Designer	+	B	
Informationsfahrtleiter	–		LSG Berlin, Urteil v. 5. 9. 1990, Az. L 9 Kr 149/89
Inspizient	–		
Instrumentalmusiker	+	M	
Instrumentenbauer	–		nur, wenn in fachkundigen Kreisen als Künstler anerkannt (BSG Urteil v. 20. 3. 1997, Az. 3 RK 20/96 und 15/96)
Intendant	–		
Jazzmusiker			*siehe Instrumentalmusiker und Sänger*
Journalist	+	W	
Kabarettist	+	D	
Kabelhilfe	–		
Kalligraf	+	B	nicht allein für Urkundengestaltung, nicht allein bei Unterricht an VHS
Kameraassistent	–		
Kameragehilfe	–		
Kameramann	+	D	
Kantor	+	M	
Kapellmeister	+	M	
Karnevalist	+	D	
Karrikaturist	+	B	
Kartograph	–		kein eigener kreativer Anteil (KSK)
Kascheur	+		

Beruf	versichert über KSK	Bereich	Anmerkungen
Keramiker	+/−	B	1)
Kirchenmusiker	+	M	
Klavierstimmer	−		3)
Klöppler	−		
Körpermaler	+	B	beim Tätowieren jedoch nur ohne Schablonen
Kolumnist	+	W	
Kontakter	−		
Korbflechter	−		3)
Korrepetitor	−		
Komiker	+	D	
Komparse	−		
Komponist	+	M	
Konturist	+/−	B	2)
Konzertmeister	+	M	
Korrespondent	+	W	
Kostümbildner	+	D	
Kostümzeichner	+	D	
Kritiker	+	W	
Künstlerisch-technischer Mitarbeiter	+/−	M/D	nur, wenn Schwerpunkt im jeweiligen Einzelfall auf künstlerischer Tätigkeit liegt (KSK)
Kunsthandwerker	+/−	B	nur, wenn in fachkundigen Kreisen als Künstler anerkannt (BSG)
Kunstmaler	+	B	
Kunsttherapeut	−		SG Berlin Urteil v. 1.12. 1989, Az. S 72 KR 372/88

Beruf	versichert	Bereich	Anmerkungen
Kunstschmied	über KSK	B	
Kunstzeichner	+	B	
Kurmusiker	+	M	
Ladeneinrichter	–		
Ladenhüter	–		keine eigenschöpferische Leistung
Lampenbauer	–		
Landschaftsmaler	+	B	
Layouter	+	B	auch DTP
Ledertäschner	–		
Lehrer	+/–	W/M/D/B	nur, wenn aktive Ausübung von Kunst gelehrt wird (BSG Urteil v. 20. 4. 1994, Az. 3/12 RK 14/92; auch musikalische Früherziehung BSG Urteil v. 14. 12. 1994, Az. 3/12 RK 80/82), nicht bei Allgemeinbildung (BSG Urteil v. 24. 6. 1998, Az. 3 KR 10/97)
Lektor	+	W	
Lexikograf	+	W	
Librettist	+	M	
Lichtbildner	+	B	
Lichttechniker	–		
Liedermacher	+	M	
Location Manager	–		
Märchenerzähler	+	D	2)
Maler	+	B	Bemalen von Fahrzeugen nur bei besonderen künstle-

Beruf	versichert über KSK	Bereich	Anmerkungen
			rischen Gestaltungsformen und Maltechniken (KSK)
Marionettenbauer	+	D	wenn Unikate hergestellt werden
Marionettenspieler			*siehe Puppenspieler*
Maskenbildner	+/–	D	nicht bei nur kosmetischer Verschönerung, nur beim Gestalten von Masken (KSK)
MAZ-Operator	–		
Media-Berater	–		
Mediengestalter	+	B	
Messestandsgestalter	+/–	B	nur bei kreativen Designleistungen, nicht bei administrativem Schwerpunkt (KSK)
Metallgestalter	+/–	B	
Mischtonmeister	+	M	
Möbeldesigner	+	B	
Möbelrestaurator	–		
Modedesigner	+/–	B	1); nach LSG Nds. Urteil v. 24. 2. 1993, Az. L 4 KR 134/92 und LSG NRW Urteil v. 5. 5. 1994, Az. L 16 KR 272/92 auch individuelles Erstellen von Lederkleidung (Unikate)
Model/Dressman	–		
Moderator	+	D	2)
Modezeichner	–		
Modist	–		

Beruf	versichert über KSK	Bereich	Anmerkungen
Multimedia-Autor	+	B	
Museumsführer	–		BSG Urteil v. 24. 6. 1998, Az. B 3 KR 10/97
Museumsgestalter	+/–	B	nur bei kreativen Design-leistungen, nicht bei admi-nistrativem Schwerpunkt (KSK)
Musicalsänger			*siehe Sänger*
Musikalische Früherziehung	+	M	BSG Urteil v. 14. 12. 1994, Az. 3/12 RK 80/92
Musikbearbeiter (Arrangeur)	+	M	
Musiker			*siehe Instrumentalmusiker und Sänger*
Musikinstrumentebauer			*siehe Instrumentebauer*
Musiklehrer			*siehe Lehrer*
Musikproduzent	+/–	M	1)
Musikredakteur	+	W	
Musikregisseur	+	M	
Musiktherapeut	–		
Musterzeichner	–		
Nachrichtensprecher	+	D	
Notengrafiker	+	B	
Notenschreiber	–		
Notenstecher	–		
Objektemacher	+	B	
Off-Sprecher	+	D	
Online-Redakteur	+	W	

Beruf	versichert über KSK	Bereich	Anmerkungen
Online-Grafiker	+	B/W	
On-Sprecher	+	D	
Operettensänger			*siehe Sänger*
Opernsänger			*siehe Sänger*
Oratoriensänger			*siehe Sänger*
Orchestermusiker			*siehe Instrumentalmusiker*
Orchesterwart	–		
Pantomime	+	D	
Parodist	+	D	
Performancekünstler	+/–	B	1)
Plastiker	+/–	B	nur, wenn die Tätigkeit mit der eines Bildhauers vergleichbar ist (KSK)
Popmusiker			*siehe Instrumentalmusiker und Sänger*
Porträtmaler	+	B	
Porzellanmaler	+/–	B	nur, wenn in fachkundigen Kreisen als Künstler anerkannt (BSG)
Pressefotograf	+	W	
PR-Fachmann	+	W	
Producer	–		
Produktedesign			*siehe Industriedesign*
Produktionsassistent	–		
Produktionsleiter	–		
Produzent			*siehe Filmproduzent, Musikproduzent*
Programmassistent	–		

Beruf	versichert über KSK	Bereich	Anmerkungen
Programmgestalter	–		
Projektmanager	–		
Promoter	–		
Propagandist	–		
Prospektmaler	+	B	
Puppenbauer	—		3); auch nicht bei eignen Entwürfen (KSK)
Puppenspieler	+	D	
Pyrotechniker	–		
Quizmaster	+	D	
Radierer	+	B	
Radiomoderator			*siehe Moderator*
Raumausstatter	–		
Realisator	+	D	2)
Redakteur	+	W	wenn gestaltender Einfluß auf das Druckwerk ausgeübt wird (BGS Urteil v. 25. 2. 1989, Az. 12 RK 67/87)
Redaktionsassistent	–		
Regieassistent	+	D	BSG Urteil v. 28. 1. 1999, Az. B 3 KR 2/98 R; LSG NRW Urteil v. 26. 6. 1997, Az. L 16 Kr. 197/96
Regisseur	+	D	
Reinzeichner	–		da Umsetzen eines vorgegebenen Entwurfs ohne eigenes kreatives Gestalten
Redakteur	+	W	zum Begriff BSG Urteil v. 15. 2. 1989, Az. 12 RK 67/87

Beruf	versichert über KSK	Bereich	Anmerkungen
Redakteur, technischer	+	W	BSG Urteil v. 30. 1. 2001, Az. B 3 KR 7/00
Reprograf	–		
Requisiteur	–		
Restaurator	+/–	B	nicht bei rein handwerklicher, pflegender Tätigkeit (KSK); LSG B. W. Urteil v. 28. 1. 2000, Az. L 4 KR 2617/98
Retuscheur	–	3)	
Rezitator	+	D	
Rhythmik-Lehrer	–		
Rigger	–		
Rockmusiker			*siehe Instrumentalmusiker und Sänger*
Sänger	+	M	
Schattenspieler	+	D	
Schaufenstergestalter			*siehe Dekorateur*
Schauwerbegestalter			*siehe Dekorateur*
Schauspieler	+	D	
Schlangenmensch	+	D	nur im Rahmen einer Unterhaltungsshow (KSK)
Schmuck-Designer	+/–	B	SG Freiburg Urteil v. 28. 7. 1992, Az. S 10 KR 1987/90; SG Berlin Urteil v. 5.10.1983, Az. S 75 KR 257/93; nach SG Bayreuth Urteil v. 6. 7. 1993, Az. S 6 KR 91/91 nur bei eigenschöpferischer Leistung
Schnittdirektrice	+/–	B	nur, wenn eigene Entwürfe entwickelt werden (KSK)

Beruf	versichert über KSK	Bereich	Anmerkungen
Schnittdramaturg	+	D	
Schriftleiter	–		
Schriftsetzer	–		
Schriftsteller	+	W	
Screendesigner	+	B	
Silberschmied	+/–	B	1)
Solist	+	M	
Souffleur	–		
Sounddesigner	+	D/M	
Spielleiter	+	D	
Spielpädagoge	–		da medizinisch-therapeutisches, nicht künstlerisches Ziel (KSK)
Spielzeugdesigner	+	B	2)
Sportler	+/–	D	2), z.B. bei Eiskunstlauf, Tanz (KSK)
Sprachgestalter	+	D	auch an Waldorfschule, BSG Urteil v. 10. 10. 2000, Az. B 3 KR 30/99 R
Sprachtherapeut	–		
Sprecher	–		
Sprecherzieher	+	D	für Theater und Gesang; nicht Sprachgestalter an Waldorfschule (SG Karlsruhe Urteil v. 25. 6. 1999, Az: S 3 KR 4403/96 NK)
Sprechtherapeut	–		da medizinisch-therapeutisches, nicht künstlerisches Ziel (KSK)
Stabfigurenspieler	+	D	

Beruf	versichert über KSK	Bereich	Anmerkungen
Standfotograf	+	B	
Steinbildhauer	–		
Stillfotografie	–		
Stimmbildner	+	D	für Theater und Gesang; *siehe aber auch Stimmtherapeut*
Stimmenimitator	+	D	
Stimmtherapeut	–		da medizinisch-therapeutisches, nicht künstlerisches Ziel (KSK)
Streetwalking	–		BayLSG Urteil v. 23. 9. 1999, Az. L 4 KR 30/97
Stringer	–		
Studio-Regisseur			*siehe Regisseur*
Stukkateur	–		3)
Stuntman	+	D	
Stylist	–		
Synchronregisseur			*siehe Regisseur*
Synchronsprecher	+	D	
Szenenbildner	+	D	
Talkshowgast	–		BSG Urteil v. 2. 8. 1997, Az. 3 RK 7/97
Tänzer	+/–	D	bei Ballett und Flamenco; Bauchtanz nur im Rahmen professioneller Shows und nicht als Hobby, bei Nacktshow nicht (KSK)
Tanzmusiker	+	M	
Tanzpädagoge	+/–	D	
Tanztherapeut	–		

Beruf	versichert über KSK	Bereich	Anmerkungen
Tapisserist	–		
Textdichter	+	W	
Textbearbeiter	+/–	W	
Texter	+	W	
Textildesigner	+/–	B	2); LSG Nds Urteil v. 24. 2. 1993, Az. L 4 Kr 134/92
Textilgestalter	+/–	B	2)
Theatermaler	–		
Theaterpädagoge	+	D	
Theaterplastiker	–		
Tierdressur	+	D	
Tierpräparator	–		
Tiermodellbauer	+	B	BSG Urteil v. 30. 1. 2001, Az. B 3 KR 11/00
Tonassistent	–		
Toningenieur	+/–		1)
Tonmeister	+/–		1)
Tonregisseur	+		
Tontechniker	+		1); regelmäßig nicht
Trailer-Hersteller	+	D	
Trapezkünstler	+	D	
Trauerredner	+	W	
Traffiker	–		
Trailereditor	+	D	2)
Travestist	+/–	D	im Showbereich (KSK)
Trickfilm	+/–	D	bei Animator, Clean Ups, Inbetweenings, Hinter- grundmalern

Beruf	versichert über KSK	Bereich	Anmerkungen
Trickkameramann			*siehe Kameramann*
Trickregisseur			*siehe Regisseur*
Trickzeichner	+	B	nicht jedoch beim reinen Colorieren (KSK)
Typograph	+/–	B	1)
Übersetzer	+/–	W	nicht beim Übersetzen von Geschäftsbriefen, Prospekten, Haftbefehlen etc., LSG Nds Urteil v. 24. 5. 1995, Az. L 4 Kr 93/93
Umbruchredakteur	+	W	
Unterhaltungskünstler	+	D	
Unterhaltungsmusiker	+	M	
Verpackungsdesign	+	B	
Videoeditor	–		
Videografiker	+	D	
Videojournalist	+	W	
Videokünstler	+	B	
Visagist	+/–		nicht bei nur kosmetischer Verschönerung (KSK); SG Hamburg Urteil v. 21.6. 1989, Az. S 22 KR 107/89; *siehe aber auch Maskenbildner*
Webarchitekt	–		
Werbegestalter	–		
Webdesigner	+	B	
Weber	–		3); auch nicht bei eigenen Entwürfen (KSK); anders im konkreten Einzelfall LSG Nds. Urteil v. 20. 5. 1992, Az. L 4 KR 54/90

Beruf	versichert über KSK	Bereich	Anmerkungen
Werbefotograf	+	B	
Werbesprecher	+	D	
Wrestler			*siehe Catcher*
Yoga-Lehrer	–		
Zauberer	+	D	
Zeichner	+	B	
Zirkusartist			*siehe Artist*
Zieseleur		–	

II. Gesetz über die Sozialversicherung der selbständigen Künstler und Publizisten (Künstlersozialversicherungsgesetz – KSVG)

Vom 27. Juli 1981 (BGBl. I S. 705)

BGBl. III/FNA 8253-1

– Auszug –

Zuletzt geändert durch Art. 1 und 5 Zweites Gesetz zur Änderung des Künstlersozialversicherungsgesetzes und anderer Gesetze vom 13. Juni 2001 (BGBl. I S. 1027)

Gesetzesübersicht

Erster Teil. Sozialversicherung der selbständigen Künstler und Publizisten

Erstes Kapitel. Kreis der versicherten Personen

Erster Abschnitt. Umfang der Versicherungspflicht

§ 1 Selbständige Künstler und Publizisten werden in der Rentenversicherung der Angestellten, in der gesetzlichen Krankenversicherung und in der sozialen Pflegeversicherung versichert, wenn sie

1. die künstlerische oder publizistische Tätigkeit erwerbsmäßig und nicht nur vorübergehend ausüben und
2. im Zusammenhang mit der künstlerischen oder publizistischen Tätigkeit nicht mehr als einen Arbeitnehmer beschäftigen, es sei denn, die Beschäftigung erfolgt zur Berufsausbildung oder ist geringfügig im Sinne des § 8 des Vierten Buches Sozialgesetzbuch.

§ 2 Künstler im Sinne dieses Gesetzes ist, wer Musik, darstellende oder bildende Kunst schafft, ausübt oder lehrt. Publizist im Sinne dieses Gesetzes ist, wer als Schriftsteller, Journalist oder in anderer Weise publizistisch tätig ist oder Publizistik lehrt.

Zweiter Abschnitt. Ausnahmen von der Versicherungspflicht

Erster Unterabschnitt. Versicherungsfreiheit kraft Gesetzes

§ 3 [Fassung des § 3 Abs. 1 bis zum 31. 12. 2001]: (1) Versicherungsfrei nach diesem Gesetz ist, wer in dem Kalenderjahr aus selbständiger künstlerischer und publizistischer Tätigkeit voraussichtlich ein Arbeitseinkommen erzielt, das ein Siebtel der Bezugsgröße nach § 18 des Vierten Buches Sozialgesetzbuch, bei höherem Arbeitseinkommen ein Sechstel des Gesamteinkommens nicht übersteigt. Wird die selbständige künstlerische oder publizistische Tätigkeit nur während eines Teils des Kalenderjahres ausgeübt, sind die in Satz 1 genannten Grenzen entsprechend herabzusetzen. Satz 2 gilt entsprechend für Zeiten des Bezugs von Erziehungsgeld.

§ 3 [Fassung des § 3 Abs. 1 ab dem 1. 1. 2002]: (1) Versicherungsfrei nach diesem Gesetz ist, wer in dem Kalenderjahr aus selbständiger künstlerischer und publizistischer Tätigkeit voraussichtlich ein Arbeitseinkommen erzielt, das 7560 Deutsche Mark nicht übersteigt. Wird die selbständige künstlerische oder publizistische Tätigkeit nur während eines Teils des Kalenderjahres ausgeübt, ist die in Satz 1 genannte Grenze entsprechend herabzusetzen. Satz 2 gilt entsprechend für Zeiten des Bezugs von Erziehungsgeld.

(2) Absatz 1 gilt nicht bis zum Ablauf von drei Jahren nach erstmaliger Aufnahme der Tätigkeit. Die Frist nach Satz 1 verlängert sich um die Zeiten, in denen keine Versicherungspflicht nach diesem Gesetz oder Versicherungsfreiheit nach § 5 Abs. 1 Nr. 8 besteht.

(3) Abweichend von Absatz 1 bleibt die Versicherungspflicht bestehen, solange das Arbeitseinkommen nicht mehr als zweimal innerhalb von sechs Kalenderjahren die dort genannte Grenze nicht übersteigt.

(4) *(aufgehoben)*

§ 4 In der gesetzlichen Rentenversicherung ist nach diesem Gesetz versicherungsfrei, wer

1. auf Grund einer Beschäftigung oder einer nicht unter § 2 fallenden selbständigen Tätigkeit in der gesetzlichen Rentenversicherung versicherungsfrei oder von der Versicherungspflicht befreit ist, es sei denn, die Versicherungsfreiheit beruht auf einer geringfügigen Beschäftigung oder einer geringfügigen selbständigen Tätigkeit (§ 8 Viertes Buch Sozialgesetzbuch),

2. aus einer Beschäftigung ein beitragspflichtiges Arbeitsentgelt oder aus einer nicht unter § 2 fallenden selbständigen Tätigkeit ein Arbeitseinkommen bezieht, wenn das Arbeitsentgelt oder Arbeitseinkommen während des Kalenderjahres voraussichtlich mindestens die Hälfte der für dieses Jahr geltenden Beitragsbemessungsgrenze in der Rentenversicherung der Arbeiter und Angestellten beträgt; wird die Beschäftigung oder selbständige Tätigkeit nur während eines Teils des Kalenderjahres ausgeübt, ist diese Grenze entsprechend herabzusetzen,

3. als Handwerker in die Handwerksrolle eingetragen ist, es sei denn, die Eintragung beruht auf der Führung eines Handwerksbetriebs nach den §§ 2 und 3 der Handwerksordnung,

4. Landwirt im Sinne des § 1 des Gesetzes über die Alterssicherung der Landwirte ist,

5. eine Vollrente wegen Alters aus der gesetzlichen Rentenversicherung bezieht,

6. als ehemaliger Landwirt eine Altersrente oder nach Vollendung des 60. Lebensjahres eine Landabgaberente nach dem Gesetz über die Alterssicherung der Landwirte bezieht oder

7. als Wehr- oder Zivildienstleistender in der gesetzlichen Rentenversicherung versichert ist.

§ 5 (1) In der gesetzlichen Krankenversicherung ist nach diesem Gesetz versicherungsfrei, wer

1. nach § 5 Abs. 1 Nr. 1 und 2 des Fünften Buches Sozialgesetzbuch versichert ist,

2. nach Vollendung des 65. Lebensjahres eine selbständige künstlerische oder publizistische Tätigkeit aufnimmt,

3. nach § 2 Abs. 1 Nr. 1 bis 3 des Zweiten Gesetzes über die Krankenversicherung der Landwirte versichert ist,

4. nach anderen gesetzlichen Vorschriften mit Ausnahme von § 7 des Fünften Buches Sozialgesetzbuch versicherungsfrei oder von der Versicherungspflicht befreit ist,

5. eine nicht unter § 2 fallende selbständige Tätigkeit erwerbsmäßig ausübt, es sei denn, diese ist geringfügig im Sinne des § 8 des Vierten Buches Sozialgesetzbuch,

6. Wehr- oder Zivildienstleistender ist; § 193 des Fünften Buches Sozialgesetzbuch bleibt unberührt,

7. im Vollzug von Untersuchungshaft, Freiheitsstrafen oder freiheitsentziehenden Maßregeln der Besserung und Sicherung oder einstweilig nach § 126 a Abs. 1 der Strafprozeßordnung untergebracht ist und unmittelbar vor der Unterbringung nicht nach diesem Gesetz versichert war oder

8. während der Dauer seines Studiums als ordentlicher Studierender einer Hochschule oder einer der fachlichen Ausbildung dienenden Schule eine selbständige künstlerische oder publizistische Tätigkeit ausübt.

(2) In der sozialen Pflegeversicherung ist nach diesem Gesetz versicherungsfrei, wer

1. nach Absatz 1 versicherungsfrei oder

2. nach § 6 oder § 7 von der Krankenversicherungspflicht befreit worden ist.

Zweiter Unterabschnitt. Befreiung von der Krankenversicherungspflicht auf Antrag

§ 6 (1) Wer erstmals eine Tätigkeit als selbständiger Künstler oder Publizist aufnimmt und nicht zu dem in § 5 Abs. 1 genannten Personenkreis gehört, wird auf Antrag von der Krankenversicherungspflicht nach diesem Gesetz befreit, wenn er der Künstlersozialkasse eine Versicherung für den Krankheitsfall bei einem privaten Krankenversicherungsunternehmen nachweist. Voraussetzung ist, daß er für sich und seine Familienangehörigen, die bei Versicherungspflicht des Künstlers oder Publizisten in der gesetzlichen Krankenversicherung versichert wären, Vertragsleistungen beanspruchen kann, die der Art nach den Leistungen der gesetzlichen Krankenversicherung bei Krankheit entsprechen. Der Antrag ist spätestens drei Monate nach Feststellung der Versicherungspflicht bei der Künstlersozialkasse zu stellen.

(2) Wer nach Absatz 1 von der Krankenversicherungspflicht befreit worden ist, kann gegenüber der Künstlersozialkasse bis zum Ablauf der in § 3 Abs. 2 genannten Frist schriftlich erklären, daß seine Befreiung von der Versicherungspflicht enden soll. Die Versicherungspflicht beginnt nach Ablauf der in § 3 Abs. 2 genannten Frist.

§ 7 (1) Wer als selbständiger Künstler oder Publizist in drei aufeinanderfolgenden Kalenderjahren insgesamt ein Arbeitseinkommen erzielt hat, das über der Summe der Beträge liegt, die für diese Jahre nach § 6 Abs. 1 Nr. 1 des Fünften Buches Sozialgesetzbuch als Jahresarbeitsentgeltgrenze festgelegt waren, wird auf Antrag von der Krankenversicherungspflicht nach diesem Gesetz befreit. Die Befreiung kann nicht widerrufen werden.

(1 a) Bei einer Verlegung des Tätigkeitsortes aus dem Beitrittsgebiet in das übrige Bundesgebiet oder umgekehrt während des Kalenderjahres ist die für dieses Jahr nach Absatz 1 zugrundezulegende Jahresarbeitsentgeltgrenze aus den für das jeweilige Gebiet geltenden Jahresarbeitsentgeltgrenzen anteilmäßig zu errechnen. § 309 Abs. 1 des Fünften Buches Sozialgesetzbuch gilt entsprechend.

(2) Der Antrag ist bis zum 31. März des auf den Dreijahreszeitraum folgenden Kalenderjahres bei der Künstlersozialkasse zu stellen.

§ 7a (1) Die Künstlersozialkasse entscheidet über den Antrag auf Befreiung von der Versicherungspflicht.

(2) Die Befreiung nach § 6 Abs. 1 wirkt vom Beginn der Versicherungspflicht an; sind bereits Leistungen der gesetzlichen Krankenversicherung in Anspruch genommen worden, wirkt die Befreiung vom Beginn des Monats an, der auf die Antragstellung folgt. Die Befreiung nach § 7 wirkt vom Beginn des Monats an, der auf die Antragstellung folgt.

(3) Der Anspruch auf Leistungen aus der gesetzlichen Krankenversicherung endet mit der Mitgliedschaft.

Dritter Abschnitt. Beginn und Dauer der Versicherungspflicht, Verlegung des Tätigkeitsortes

§ 8 (1) Die Versicherungspflicht in der gesetzlichen Renten- und Krankenversicherung sowie in der sozialen Pflegeversicherung beginnt mit dem Tage, an dem die Meldung des Versicherten nach § 11 Abs. 1 eingeht, beim Fehlen einer Meldung mit dem Tage des Bescheides, durch den die Künstlersozialkasse die Versicherungspflicht feststellt. Sie beginnt frühestens mit dem Tage, an dem die Voraussetzungen für die Versicherung erfüllt sind. Ist der selbständige Künstler oder Publizist in dem Zeitpunkt, in dem nach Satz 1 die Versicherungspflicht beginnen würde, arbeitsunfähig, beginnt die Versicherungspflicht an dem auf das Ende der Arbeitsunfähigkeit folgenden Tage.

(1a) *(aufgehoben)*

(2) Tritt nach § 4 Nr. 1 oder 3 bis 7 oder nach § 5 Versicherungsfreiheit ein, ist § 48 des Zehnten Buches Sozialgesetzbuch mit der Maßgabe anzuwenden, daß der Bescheid über die Versicherungspflicht vom Zeitpunkt der Änderung der Verhältnisse an aufzuheben ist. Im übrigen ist der Bescheid über die Versicherungspflicht bei Änderung der Verhältnisse nur mit Wirkung vom Ersten des Monats an aufzuheben, der auf den Monat folgt, in dem die Künstlersozialkasse von der Änderung Kenntnis erhält; § 48 Abs. 1 Satz 2 Nr. 2 des Zehnten Buches Sozialgesetzbuch bleibt unberührt.

§ 8a (1) Verlegt ein Versicherter oder Zuschußberechtigter während des Kalenderjahres seinen Tätigkeitsort aus dem Beitrittsgebiet in das übrige Bundesgebiet oder umgekehrt, ist diese Änderung vom Ersten des Monats an zu berücksichtigen, der auf den Monat folgt, in dem die Künstlersozialkasse von der Änderung Kenntnis erhält.

(2) § 309 Abs. 1 des Fünften Buches Sozialgesetzbuch gilt entsprechend.

Vierter Abschnitt. Kündigungsrecht

§ 9 (1) Wer bei einem privaten Krankenversicherungsunternehmen versichert ist und nach diesem Gesetz krankenversicherungspflichtig wird, kann den Versicherungsvertrag zum Ende des Monats kündigen, in dem er den Eintritt der Versicherungspflicht nachweist. Satz 1 gilt entsprechend für den Versicherungsvertrag eines Familienangehörigen, wenn ein Künstler oder Publizist nach diesem Gesetz versicherungspflichtig wird und der Angehörige dadurch in der gesetzlichen Krankenversicherung versichert wird.

(2) Wer bei einem privaten Versicherungsunternehmen gegen Pflegebedürftigkeit versichert ist und nach diesem Gesetz pflegeversicherungspflichtig wird, kann den Versicherungsvertrag mit Wirkung vom Eintritt der Versicherungspflicht ankündigen. Absatz 1 Satz 2 gilt entsprechend.

Zweites Kapitel. Beitragszuschuß der Künstlersozialkasse

§ 10 (1) Selbständige Künstler und Publizisten, die nach § 7 von der Versicherungspflicht befreit und freiwillig in der gesetzlichen Krankenversicherung versichert sind, erhalten auf Antrag von der Künstlersozialkasse als vorläufigen Beitragszuschuß die Hälfte des Beitrages, der im Falle der Versicherungspflicht für einen Künstler oder Publizisten bei der Krankenkasse, bei der die Mitgliedschaft besteht, zu zahlen wäre, höchstens jedoch die Hälfte des Betrages, den sie tatsächlich zu zahlen haben. Der Anspruch beginnt mit dem auf den Antrag folgenden Kalendermonat. Bei Zuschußberechtigten, die nach diesem Gesetz in der Rentenversicherung der Angestellten nicht versichert sind, ist für die Berechnung des endgültigen Zuschusses das erzielte Jahresarbeitseinkommen maßgebend; es ist der Künstlersozialkasse bis zu der nach § 6 Abs. 1 Nr. 1 des Fünften Buches Sozialgesetzbuch als Jahresarbeitsentgeltgrenze festgelegten Höhe bis zum 31. Mai des folgenden Jahres zu melden. Die Höhe der Aufwendungen für die freiwillige Krankenversicherung sind der Künstlersozialkasse für jedes Kalenderjahr bis zum 31. Mai des folgenden Jahres nachzuweisen.

(2) Selbständige Künstler und Publizisten, die nach § 6 Abs. 3 a des Fünften Buches Sozialgesetzbuch in Verbindung mit § 5 Abs. 1 Nr. 4 versicherungsfrei oder nach den §§ 6 oder 7 von der Versicherungspflicht befreit und bei einem privaten Krankenversicherungsunternehmen versichert sind, erhalten auf Antrag von der Künstlersozialkasse einen vorläufigen Beitragszuschuß, wenn sie für sich und ihre Familienangehörigen, die bei Versicherungspflicht des Künstlers oder Publizisten in der gesetzlichen Krankenversicherung versichert wären, Vertragsleistungen beanspruchen können, die der Art nach den Leistungen der gesetzlichen Krankenversicherung bei Krankheit entsprechen. Der Zuschuß beträgt die Hälfte des Beitrages, den die Künstlersozialkasse bei Versicherungspflicht unter Zugrundelegung des durchschnittlichen allgemeinen Beitragssatzes der Krankenkassen vom 1. Januar des Vorjahres (§ 245 des Fünften Buches Sozialgesetzbuch) zu zahlen hätte, höchstens jedoch die Hälfte des Betrages, den der Künstler oder Publizist für seine private Krankenversicherung zu zahlen hat; für Zeiten, für die bei Versicherungspflicht Arbeitseinkommen nicht zugrunde gelegt wird (§ 234 Abs. 1 Satz 3 des Fünften Buches Sozialgesetzbuch), wird ein Beitragszuschuß nicht gezahlt. Für Künstler und Publizisten, die bei Mitgliedschaft in einer Krankenkasse keinen Anspruch auf Krankengeld hätten, sind bei Berechnung des Zuschusses neun Zehntel des in Satz 2 genannten Beitragssatzes zugrunde zu legen. Bei einer Befreiung

nach § 6 beginnt der Anspruch mit dem Kalendermonat, in dem die Meldung nach § 11 Abs. 1 eingeht. Bei einer Befreiung nach § 7 gilt Absatz 1 Satz 2. Absatz 1 Satz 3 und 4 gilt. § 257 Abs. 2 a bis 2 c des Fünften Buches Sozialgesetzbuch gilt entsprechend.

§ 10a [Vorläufiger Beitragszuschuß] (1) Selbständige Künstler und Publizisten, die nach § 7 von der Krankenversicherungspflicht befreit und in der sozialen Pflegeversicherung versichert sind, erhalten auf Antrag von der Künstlersozialkasse als vorläufigen Beitragszuschuß die Hälfte des Beitrages, den die Künstlersozialkasse bei Versicherungspflicht nach diesem Gesetz an die Pflegekasse zu zahlen hätte, höchstens jedoch die Hälfte des Betrages, den sie tatsächlich zu zahlen haben. § 10 Abs. 1 Satz 2 bis 4 gilt entsprechend.

(2) Selbständige Künstler und Publizisten, die nach § 6 Abs. 3 a des Fünften Buches Sozialgesetzbuch in Verbindung mit § 5 Abs. 1 Nr. 4 versicherungsfrei oder nach § 6 oder § 7 von der Krankenversicherungspflicht befreit und bei einem privaten Versicherungsunternehmen gegen Pflegebedürftigkeit versichert sind, erhalten auf Antrag von der Künstlersozialkasse einen vorläufigen Beitragszuschuß, wenn sie für sich und ihre Angehörigen, die bei Versicherungspflicht des Künstlers oder Publizisten in der sozialen Pflegeversicherung versichert wären, Vertragsleistungen beanspruchen können, die nach Art und Umfang den Leistungen des Elften Buches Sozialgesetzbuch gleichwertig sind. § 61 Abs. 6 und 7 des Elften Buches Sozialgesetzbuch gilt entsprechend. Der Zuschuß beträgt die Hälfte des Beitrages, den die Künstlersozialkasse bei Versicherungspflicht an die Pflegekasse zu zahlen hätte, höchstens jedoch die Hälfte des Betrages, den der Künstler oder Publizist für seine private Pflegeversicherung zu zahlen hat. § 10 Abs. 2 Satz 2 zweiter Halbsatz und Satz 4 bis 6 gilt entsprechend.

Drittes Kapitel. Auskunfts- und Meldepflichten

§ 11 (1) Wer nach diesem Gesetz in der gesetzlichen Renten- oder Krankenversicherung oder in der sozialen Pflegeversicherung versichert wird, hat sich bei der Künstlersozialkasse zu melden. § 16 des Ersten Buches Sozialgesetzbuch gilt entsprechend.

(2) Wer nach diesem Gesetz in der gesetzlichen Renten- oder Krankenversicherung oder in der sozialen Pflegeversicherung versichert wird oder nach §§ 10 und 10 a Anspruch auf einen Beitragszuschuß hat, hat der Künstlersozialkasse auf Verlangen die Angaben, die zur Feststellung der Versicherungspflicht, der Höhe der Beiträge und der Beitragszuschüsse erforderlich sind, sowie die in § 13 genannten Angaben

zu machen. Er hat die dafür notwendigen Auskünfte zu geben und die erforderlichen Unterlagen vorzulegen. Die Sätze 1 und 2 gelten auch für Angaben, die zur Erfüllung sonstiger Aufgaben der Künstlersozialkasse nach diesem Gesetz erforderlich sind.

(3) Die Vordrucke der Künstlersozialkasse sind zu verwenden.

(4) Der nach Absatz 1 Meldepflichtige hat in dem Anmeldevordruck der Künstlersozialkasse die ihm von einem Träger der Rentenversicherung zugeteilte Versicherungsnummer einzutragen. Ist eine Versicherungsnummer nicht zugeteilt worden, ist sie von der Bundesversicherungsanstalt für Angestellte über die Künstlersozialkasse zu vergeben.

§ 12 (1) Versicherte und Zuschußberechtigte haben der Künstlersozialkasse bis zum 1. Dezember eines Jahres das voraussichtliche Arbeitseinkommen, das sie aus der Tätigkeit als selbständige Künstler und Publizisten erzielen, bis zur Höhe der Beitragsbemessungsgrenze in der Rentenversicherung der Arbeiter und Angestellten für das folgende Kalenderjahr zu melden. Die Künstlersozialkasse schätzt die Höhe des Arbeitseinkommens, wenn der Versicherte trotz Aufforderung die Meldung nach Satz 1 nicht erstattet oder die Meldung mit den Verhältnissen unvereinbar ist, die dem Versicherten als Grundlage für seine Meldung bekannt waren. Versicherte, deren voraussichtliches Arbeitseinkommen in dem in § 3 Abs. 2 genannten Zeitraum mindestens einmal die in § 3 Abs. 1 genannte Grenze nicht überschritten hat, haben der ersten Meldung nach Ablauf dieses Zeitraums vorhandene Unterlagen über ihr voraussichtliches Arbeitseinkommen beizufügen.

(2) Erstattet der Zuschußberechtigte trotz Aufforderung die Meldung nach Absatz 1 Satz 1 nicht, entfällt der Anspruch auf den Beitragszuschuß bis zum Ablauf des auf die Meldung folgenden Monats. Satz 1 gilt entsprechend, wenn er den Melde- und Nachweispflichten nach §§ 10 und 10a trotz Aufforderung nicht nachkommt. Die Rückforderung vorläufig gezahlter Beitragszuschüsse bleibt unberührt.

(3) Ändern sich die Verhältnisse, die für die Ermittlung des voraussichtlichen Jahresarbeitseinkommens maßgebend waren, ist auf Antrag die Änderung mit Wirkung vom Ersten des Monats an zu berücksichtigen, der auf den Monat folgt, in dem der Antrag bei der Künstlersozialkasse eingeht. Satz 1 gilt entsprechend, wenn das Jahresarbeitseinkommen geschätzt worden ist.

§ 13 Die Künstlersozialkasse kann von den Versicherten und den Zuschußberechtigten Angaben darüber verlangen, in welchem der Bereiche selbständiger künstlerischer und publizistischer Tätigkeiten das

Arbeitseinkommen jeweils erzielt wurde, in welchem Umfang das Arbeitseinkommen auf Geschäften mit zur Künstlersozialabgabe Verpflichteten beruhte und von welchen zur Künstlersozialabgabe Verpflichteten Arbeitseinkommen bezogen wurde.

§§ 14–34 [nicht abgedruckt]

Fünftes Kapitel. Überwachung

§ 35 (1) Die Künstlersozialkasse überwacht die rechtzeitige und vollständige Entrichtung der Beitragsanteile der Versicherten und der Künstlersozialabgabe. Entstehen durch die Überwachung der Künstlersozialabgabe Barauslagen, so können sie dem zur Abgabe Verpflichteten auferlegt werden, wenn er sich durch Pflichtversäumnis verursacht hat.

(2) Das Bundesministerium für Arbeit und Sozialordnung erläßt durch Rechtsverordnung Überwachungsvorschriften.

Sechstes Kapitel. Bußgeldvorschriften

§ 36 (1) Ordnungswidrig handelt der Versicherte, der vorsätzlich oder fahrlässig

1. entgegen § 11 Abs. 2 auf Verlangen Angaben nicht, nicht richtig oder nicht vollständig macht,
2. der Auskunfts- oder Vorlagepflicht nach § 15 Abs. 1 auf Verlangen nicht, nicht richtig oder nicht vollständig nachkommt oder
3. der Meldepflicht nach § 12 Abs. 1 Satz 1 nicht rechtzeitig, nicht richtig oder nicht vollständig nachkommt.

(2) Ordnungswidrig handelt der zur Abgabe Verpflichtete, der vorsätzlich oder fahrlässig

1. entgegen § 27 Abs. 1 Satz 1 die Summe der sich nach § 25 ergebenden Beträge nicht rechtzeitig oder nicht richtig meldet,
2. entgegen § 28 Satz 1 Aufzeichnungen nicht, nicht richtig oder nicht vollständig führt oder
3. der Auskunfts- oder Vorlagepflicht nach § 29 auf Verlangen nicht, nicht richtig oder nicht vollständig nachkommt.

(3) Die Ordnungswidrigkeit kann mit einer Geldbuße bis zu zehntausend Deutsche Mark geahndet werden.

(4) Verwaltungsbehörde im Sinne des § 36 Abs. 1 Nr. 1 des Gesetzes über Ordnungswidrigkeiten ist die Künstlersozialkasse.

Siebtes Kapitel. Anwendung des Sozialgesetzbuches

§ 36 a Auf die Rechtsbeziehungen zwischen der Künstlersozialkasse und den Versicherten, Zuschußberechtigten und zur Abgabe Verpflichteten finden die Vorschriften des Sozialgesetzbuches Anwendung. Auf die Rechtsbeziehungen zwischen den zur Abgabe Verpflichteten und den Versicherten und Zuschußberechtigten findet § 32 des Ersten Buches Sozialgesetzbuch entsprechende Anwendung.

Zweiter Teil. Durchführung der Künstlersozialversicherung

§ 37 Die Bundesausführungsbehörde für Unfallversicherung in Wilhelmshaven führt als Künstlersozialkasse dieses Gesetz durch.

§§ 37 a, 37 c [nicht abgedruckt]

§ 38 (1) Bei der Künstlersozialkasse wird ein Beirat aus Persönlichkeiten aus den Kreisen der Versicherten und der zur Künstlersozialabgabe Verpflichteten gebildet. Dabei sollen die Bereiche Wort, Musik, darstellende und bildende Kunst möglichst angemessen vertreten sein.

(2) Aufgabe des Beirats ist es, die Künstlersozialkasse bei der Erfüllung ihrer Aufgaben zu beraten.

(3) Die Mitglieder des Beirats sowie ihre Stellvertreter werden vom Bundesministerium für Arbeit und Sozialordnung berufen. Dabei sollen Vorschläge von Verbänden, die die Interessen der Versicherten oder der zur Künstlersozialabgabe Verpflichteten vertreten, nach Möglichkeit berücksichtigt werden. Ein Mitglied des Beirats kann aus wichtigem Grund vor Ablauf der Amtsdauer abberufen werden.

(4) Die §§ 40 bis 42 des Vierten Buches Sozialgesetzbuch über Ehrenämter, Entschädigung der ehrenamtlich Tätigen und Haftung gelten sinngemäß.

§ 39 (1) Den Widerspruchsbescheid im Vorverfahren nach § 85 Abs. 2 des Sozialgerichtsgesetzes erläßt einer der bei der Künstlersozialkasse zu bildenden Ausschüsse. Es wird jeweils ein Ausschuß für die Bereiche Wort, Musik, darstellende Kunst und bildende Kunst errichtet.

(2) Jeder Ausschuß setzt sich aus zwei Mitgliedern des Beirats, und zwar je einem Vertreter der Versicherten und der nach § 24 Abs. 1 oder 2 zur Abgabe Verpflichteten, und einem Vertreter der Künstlersozialkasse zusammen. Die Mitglieder der Ausschüsse werden auf Vorschlag des Beirats durch die Künstlersozialkasse berufen.

(3) Die Mitglieder der Ausschüsse sind unabhängig und nur dem Gesetz unterworfen.

(4) Für die Mitglieder des Beirats in den Ausschüssen gilt § 38 Abs. 4.

§ 40 Das Bundesministerium für Arbeit und Sozialordnung bestimmt durch Rechtsverordnung das Nähere über die Aufgaben, die Zusammensetzung, die Rechte und Pflichten der Mitglieder, die Amtsdauer und das Verfahren des Beirats (§ 38) und der Ausschüsse (§ 39).

§ 41 *(aufgehoben)*

§§ 42–45 [nicht abgedruckt]

§ 46 Die Aufsicht über die Künstlersozialkasse führt das Bundesversicherungsamt, soweit dieses Gesetz nichts Abweichendes bestimmt.

§ 47 Die Künstlersozialkasse hat die Versicherten und die zur Künstlersozialabgabe Verpflichteten über ihre Rechte und Pflichten aufzuklären und zu beraten.

§§ 48–61 [aufgehoben bzw. nicht abgedruckt]

III. KSVG-Beitragsüberwachungsverordnung

Vom 13. Oktober 1994, BGBl. I S. 2972

Erster Abschnitt. Allgemeine Vorschriften

§ 1. Grundsätze. (1) Die Entrichtung der Beitragsanteile der Versicherten und der Künstlersozialabgabe wird von der Künstlersozialkasse nach Maßgabe der folgenden Vorschriften überwacht.

(2) Die Überwachung kann in Form einer schriftlichen Prüfung oder in Form einer Außenprüfung erfolgen.

§ 2. Gegenstand. (1) Gegenstand der Prüfung sind die tatsächlichen und rechtlichen Verhältnisse, die maßgebend sind für die Feststellung

1. der Versicherungspflicht, der Höhe der Beiträge und der Beitragszuschüsse (Beitragsgrundlagen),
2. der Abgabepflicht und der Höhe der Künstlersozialabgabe (Abgabegrundlagen).

(2) Die Prüfung kann sich auf Stichproben beschränken.

§ 3. Zeitpunkt. (1) Die Künstlersozialkasse bestimmt den Zeitpunkt der Prüfung im Rahmen einer ordnungsgemäßen Aufgabenerfüllung; dabei bestimmt sie bei der Prüfung der Versicherten den Zeitpunkt nach Maßgabe des Absatzes 2.

(2) Die Prüfung der Versicherten soll erfolgen, wenn

1. der Künstlersozialkasse Anhaltspunkte dafür vorliegen, daß die Angaben der Versicherten über ihre künstlerische oder publizistische Tätigkeit, ihr voraussichtliches Arbeitseinkommen oder andere für die Durchführung der Versicherung maßgebliche Tatsachen unzutreffend sein könnten, oder
2. der Künstlersozialkasse Anhaltspunkte dafür vorliegen, daß Versicherte über ihre künstlerische oder publizistische Tätigkeit oder andere für die Durchführung der Versicherung maßgebliche Tatsachen Angaben nicht gemacht haben, oder
3. Versicherte in drei aufeinanderfolgenden Jahren eine Meldung nach § 12 Abs. 1 Satz 1 oder Abs. 3 des Künstlersozialversicherungsgesetzes nicht abgegeben haben.

Im übrigen erfolgen Prüfungen von Versicherten im Einzelfall nach dem Ermessen der Künstlersozialkasse.

(3) Der Abstand zwischen zwei Prüfungen soll mindestens vier Jahre betragen. Dieser Zeitraum kann unterschritten werden, wenn besondere Gründe bei den zu Prüfenden eine vorzeitige Prüfung gerechtfertigt erscheinen lassen.

§ 4. Mitwirkung. Die zu Prüfenden haben bei der Ermittlung der Beitrags- und der Abgabegrundlagen mitzuwirken.

Zweiter Abschnitt. Pflichten der Versicherten

§ 5. Vorlage von Unterlagen. (1) Die Versicherten haben bei der Prüfung ihre Einkommenssteuerbescheide vorzulegen.

(2) Liegen Anhaltspunkte dafür vor, daß die Angaben der Versicherten über ihre künstlerische oder publizistische Tätigkeit, ihr voraussichtliches Arbeitseinkommen oder andere für die Durchführung der Versicherung maßgebliche Tatsachen unzutreffend sein könnten, haben sie auf Verlangen außerdem alle vorhandenen Unterlagen über

1. ihre Vertragsbeziehungen, die zur Inanspruchnahme ihrer künstlerischen oder publizistischen Werke oder Leistungen geführt haben,
2. die dafür erhaltenen Entgelte sowie über die Aufwendungen, die nach den Vorschriften des Einkommenssteuerrechts als Betriebsausgaben durch ihre künstlerischen oder publizistischen Tätigkeiten veranlaßt worden sind,

vorzulegen, soweit die Vorlage für die Feststellung der Versicherungspflicht, der Höhe der Beiträge oder Beitragszuschüsse oder für die Erhebung der Künstlersozialabgabe erforderlich ist.

§ 6. Auskunft. Die Versicherten haben über die Beitrags- und die Abgabegrundlagen Auskunft zu geben, insbesondere über

1. ihren Namen, ihre früheren Namen, ihre Künstlernamen und Pseudonyme, ihr Geburtsdatum und ihren Wohnsitz oder gewöhnlichen Aufenthalt,
2. die Orte, an denen sie ihre künstlerischen oder publizistischen Tätigkeiten ausüben und ausgeübt haben,
3. die Art und Weise, in der sie ihre künstlerischen oder publizistischen Tätigkeiten ausüben und ausgeübt haben,
4. die Vertragsbeziehungen, die zur Inanspruchnahme ihrer Werke oder Leistungen geführt haben,
5. die Namen und die Anschriften derjenigen, die ihre Werke oder Leistungen in Anspruch genommen haben,
6. ihre Einnahmen aus künstlerischen oder publizistischen Tätigkeiten sowie die Aufwendungen, die nach den Vorschriften des Einkommenssteuerrechts als Betriebsausgaben durch die Tätigkeiten veranlaßt worden sind,
7. sonstige Zuwendungen, die sie von zur Abgabe Verpflichteten erhalten haben,

8. die für eine Versicherungsfreiheit oder eine Befreiung von der Versicherungspflicht maßgebenden Tatsachen,

9. die Annahmen, die der Meldung nach § 12 Abs. 1 Satz 1 des Künstlersozialversicherungsgesetzes zugrunde gelegen haben,

soweit dies für die Feststellung der Versicherungspflicht, der Höhe der Beiträge oder Beitragszuschüsse oder für die Erhebung der Künstlersozialabgabe erforderlich ist.

Dritter Abschnitt. Pflichten der zur Abgabe Verpflichteten

[nicht abgedruckt]

Vierter Abschnitt. Außenprüfungen

§ 9. Ankündigung. (1) Die Außenprüfung erfolgt grundsätzlich nach vorheriger schriftlicher Ankündigung durch die Künstlersozialkasse. In der Ankündigung sind den zu Prüfenden der Tag, der voraussichtliche Prüfungsbeginn und die Namen der Prüfer sowie die Gründe für eine vorzeitige Prüfung nach § 3 Abs. 3 mitzuteilen. Die Ankündigung soll möglichst einen Monat, sie muß jedoch spätestens 14 Tage vor der Prüfung erfolgen.

(2) Mit Einwilligung der zu Prüfenden kann die Prüfung vor Ablauf der Frist von 14 Tagen durchgeführt werden. Die Prüfung kann ohne Ankündigung oder ohne Einhaltung einer angekündigten Frist durchgeführt werden, wenn sonst der Prüfungszweck gefährdet würde.

(3) Auf Antrag der zu Prüfenden soll die Prüfung auf einen anderen als den angekündigten Zeitpunkt verlegt werden, wenn dafür wichtige Gründe glaubhaft gemacht werden und durch die Verlegung eine Verjährung von Forderungen nicht eintritt.

§ 10. Ausweispflicht. Die Prüfer der Künstlersozialkasse haben sich auszuweisen.

§ 11. Durchführung. (1) Die Außenprüfung der zur Abgabe Verpflichteten erfolgt während der Betriebszeit in ihren Geschäftsräumen. Sie haben einen zur Durchführung der Außenprüfung geeigneten Raum oder Arbeitsplatz sowie die erforderlichen Hilfsmittel kostenlos zur Verfügung zu stellen. Sind die Geschäftsräume der zur Abgabe Verpflichteten gleichzeitig ihre privaten Wohnungen, erfolgt die Prüfung in diesen Wohnungen oder an einem anderen, von der Künstlersozialkasse vorgeschlagenen Ort nur in beiderseitigem Einvernehmen; andernfalls erfolgt die Prüfung in den Geschäftsräumen der Künstlersozialkasse.

(2) Eine Außenprüfung der Versicherten erfolgt nur im beiderseitigen Einvernehmen. Die Prüfung erfolgt auf Vorschlag der Versicherten in

ihren Arbeits-, Betriebs- oder Geschäftsräumen oder in ihren Wohnungen, ansonsten an einem anderen, von der Künstlersozialkasse vorgeschlagenen Ort.

(3) Soweit es für die Aufgabenerfüllung erforderlich ist, dürfen Unterlagen der Geprüften auf Kosten der Künstlersozialkasse vervielfältigt werden.

(4) Für die Prüfbarkeit von Aufzeichnungsverfahren, die mit Hilfe automatischer Einrichtungen durchgeführt werden, gelten die in der Anlage 3 Nr. 1 bis 5 Satz 1 und 2 zur Beitragsüberwachungsverordnung genannten Anforderungen entsprechend. Den Prüfern sind die gewünschten Unterlagen unverzüglich auszudrucken, oder es sind lesbare Reproduktionen herzustellen, soweit ihnen die Nutzung der bei den zu Prüfenden installierten Technik nicht zuzumuten ist.

Fünfter Abschnitt. Gemeinsame Vorschriften

§ 12. Prüfbericht. (1) Die Künstlersozialkasse hat den Umfang und das Ergebnis der Prüfung in einem Prüfbericht festzuhalten.

(2) Das Ergebnis der Prüfung ist den Geprüften innerhalb von drei Monaten nach Abschluß der Prüfung schriftlich mitzuteilen. In der Mitteilung sind die für die Beitrags- und Abgabegrundlagen erheblichen Prüfungsfeststellungen in tatsächlicher und rechtlicher Hinsicht darzustellen. Führt die Prüfung zu keiner Änderung der Beitrags- oder Abgabegrundlagen, so genügt es, wenn dies den Geprüften schriftlich mitgeteilt wird.

§ 13. Mängelbeseitigung. Die Geprüften haben die bei der Prüfung festgestellten Mängel unverzüglich zu beheben; die Künstlersozialkasse kann ihnen hierzu eine Frist setzen. Die Geprüften haben außerdem Vorkehrungen zu treffen, damit die festgestellten Mängel sich nicht wiederholen. Die Künstlersozialkasse kann hierzu Auflagen erteilen. Außerdem kann sie den Geprüften auferlegen, die ordnungsgemäße Mängelbeseitigung und die getroffenen Vorkehrungen mitzuteilen.

§ 14. Kosten. Kosten oder Verdienstausfall, die den Geprüften durch die Prüfung entstehen, werden nicht erstattet.

Sechster Abschnitt. Schlußvorschrift

[nicht abgedruckt]

IV. Kontaktadressen

(1) Künstlersozialkasse
Künstlersozialkasse
Langeoogstraße 12
26384 Wilhelmshaven
Postadresse:
Künstlersozialkasse
26380 Wilhelmshaven
Telefon: (0 44 21) 30 80
Telefax: (0 44 21) 30 82 06
http://www.kuenstlersozialkasse.de
Sprechstunden:
Mo–Mi, Fr: 9.00–12.00 Uhr
Do: 9.00–15.00 Uhr

(2) Bundesversicherungsanstalt für Angestellte (BfA)
Ruhrstraße 2
10709 Berlin
Telefon: (0 30) 86 51
Telefax: (0 30) 86 52 72 40

(3) kunstrecht.de
http://www.kunstrecht.de
Internetseite des Verfassers unter anderem mit aktueller Rechtsprechung zur Künstlersozialversicherung

Stichwortverzeichnis

(Zahlen = Seiten)

Buchanzeigen

Sozialversicherung, sonstige Versicherungen und Altersvorsorge

S G B
Sozialgesetzbuch

I. Allgemeiner Teil
III. Arbeitsförderung
IV. Gem. Vorschriften
V. Krankenversicherung
VI. Rentenversicherung
VII. Unfallversicherung
VIII. Kinder-/Jugendhilfe
X. Soz.-Verwaltungsverfahren
XI. Pflegeversicherung

27. Auflage
2001

Beck-Texte im dtv

**SGB ·
Sozialgesetzbuch**

U.a. mit sämtlichen
Büchern des SGB sowie
Pflege-VersicherungsG,
GesundheitsreformG,
GesundheitsstrukturG,
RentenreformG 1992,
Renten-ÜberleitungsG und
Anspruchs- und Anwart-
schaftsüberführungsG.
....
Textausgabe.
27.A. 2001. 1241 S.
DM 27,90. dtv 5024
....

**Sozialrecht
von A–Z**

Über 800 Stichworterläuterungen
zum aktuellen Recht

Von Jürgen Winkler

I. Auflage

Beck-Rechtsberater im dtv

Winkler
Sozialrecht von A–Z

Über 800 Stichwort-
erläuterungen zum
aktuellen Recht.
Dieser gut verständliche
Ratgeber berücksichtigt
die vielfältigen Fragen des
Sozialrechts in ihrer
ganzen Bandbreite.
....
1.A. 2001. 430 S.
DM 22,90. dtv 5671
....

**VersR · Privat-
versicherungsrecht**

mit
VersicherungsaufsichtsG,
VersicherungsvertragsG,
EinführungsG zum VVG,
PflichtversicherungsG,
Kraftfahrzeug-Pflichtversi-
cherungsVO, AGB-Gesetz,
Wettbewerbsrichtlinien der
Versicherungswirtschaft
und Auszügen aus BGB,
HGB, EGHGB.
....
Textausgabe.
6.A. 2001. 296 S.
DM 13,50. dtv 5579
....

S B V
Gesetzliche
Kranken-
versicherung

Sozialgesetzbuch
I. Allgemeiner Teil
IV. Gemeinsame Vorschriften
V. Ges. Krankenversicherung
BeitragsentlastungsG

10. Auflage
2001

Beck-Texte im dtv

**SGB V ·
Gesetzliche
Krankenversicherung**

mit SGB I und IV,
Auszügen des Gesetzes
über die Sozialversiche-
rung, des Gesundheits-
Reformgesetzes 2000
und des Gesundheits-
strukturgesetzes.
....
Textausgabe.
10.A. 2001. 387 S.
DM 16,50. dtv 5559
....

**SGB VI ·
Gesetzliche
Rentenversicherung**

U.a. mit
VersorgungsruhensG,
FremdrentenG, Fremd-
renten- und Auslands-
renten-NeuregelungsG.
....
Textausgabe.
6.A. 2002. 411 S.
DM 17,50. dtv 5561
....

Jürgensen
**Ratgeber Künstler-
sozialversicherung**

Vorteile, Voraussetzungen,
Verfahren.
....
1.A. 2002. 219 S.
Ca. DM 19,60. dtv 5683
....

Häffner-Schroeder
**Ratgeber
Lebensversicherung**

Formen, Tarife und
Renditen von Kapital-
lebensversicherungen.
....
2.A. 2000. 148 S.
DM 16,90. dtv 5875
....

**SGB XI ·
Soziale
Pflegeversicherung**

mit SGB I, SGB IV, Pflege-
VersicherungsG (Auszug).
....
Textausgabe.
4.A. 2001. 428 S.
DM 21,50. dtv 5581
....

Schmidt
**Guter Rat
zur Pflegeversicherung**

Alle wichtigen Rechts-
fragen zu Versicherungs-
pflicht, Beitragsbemes-
sung, Pflegeleistungen.
Mit einem umfangreichen
Adreßteil im Anhang.
....
3.A. 2000. 223 S.
DM 14,50. dtv 50619
....

Birk
Altersvorsorge

Betriebliche Altersversorgung,
Rentenreform 2001-2002,
Private Altersvorsorge.
....
2.A. 2002. Rd. 300 S.
Ca. DM 20,–. dtv 5646
....
In Vorbereitung für
Frühjahr 2002

**SGB VII · Gesetzliche
Unfallversicherung**

mit Nebenbestimmungen,
Berufskrankheiten-VO
und FremdrentenR.
....
Textausgabe.
3.A. 2001. 342 S.
DM 17,50. dtv 5578
....

Kühlmann/Blumenstein/
Dietrich
**Die Lebensversicherung
zur Altersvorsorge**

Ihre Versorgung und
Absicherung für heute und
morgen.
Private Lebensversiche-
rung · Betriebliche Altersversorgung · Gesetzliche
Rentenversicherung.
....
2.A. 1998. 375 S.
DM 24,90. dtv 5844
....

PatR · Patent- und Musterrecht

Deutsches, europäisches und internationales Patent- und Erfinderrecht, Gebrauchsmuster- und Halbleiterschutzrecht, Sortenschutzrecht, Geschmacksmusterrecht und Rechtsvereinheitlichung DDR.

Textausgabe.
5.A.1999. 500 S.
DM 19,90. dtv 5563

WettbR · KartR
Wettbewerbsrecht und Kartellrecht

Gesetz gegen den unlauteren Wettbewerb (UWG), ZugabeVO, RabattG mit DurchführungsVO, PreisangabenVO, HaustürwiderrufsG, MarkenG, ErstrekkungsG, Gesetz gegen Wettbewerbsbeschränkungen (GWB) sowie die wichtigsten wettbewerbsrechtlichen internationalen Übereinkommen und Vorschriften der Europäischen Gemeinschaft.
Mit GWB-Novelle 1999.

Textausgabe.
22.A. 2001. 415 S.
DM 16,50. dtv 5009

Schulze
Meine Rechte als Urheber

Urheber- und Verlagsrecht. Geschützte Werkarten und Leistungen, Urheberrechtsschutz, Geschmacksmusterschutz, Leistungsschutz, Verwertungsrechte, Urheberpersönlichkeitsrechte, Nutzungsverträge, Verlagsvertrag, Durchsetzung der Rechte, Geltungsbereich.

4.A. 2001. 336 S.
DM 19,50. dtv 5291

Harke
Ideen schützen lassen?

Patente, Marken, Design, Werbung, Copyright.
Der Ratgeber zeigt Erfindern, Gestaltern und Urhebern sowie den Umsetzern und Verwertern, ob und wie sie ihre Rechte an Werken und Ideen schützen und im Konfliktfall durchsetzen können.

1.A. 2000. 701 S.
DM 29,50. dtv 5642

UrhR · Urheber- und Verlagsrecht

UrheberrechtsG, VerlagsG, Recht der urheberrechtlichen Verwertungsgesellschaften, Internationales Urheberrecht, EG-Recht (komplett).

Textausgabe.
8.A. 2001. 553 S.
DM 21,90. dtv 5538

→